決算書ナゾトキトレーニング

7つのストーリーで学ぶファイナンス入門

PHP
Business Shinsho

Shigehisa Murakami
村上　茂久

PHPビジネス新書

はじめに――決算書のナゾトキは「知の総合格闘技」だ！

◇会計だけ学んでも決算書が読めない「3つの理由」

突然ですが、ミステリーはお好きですか？　犯人が残した手がかりから、トリックを読み解いていくのが、とっても爽快です。

ただ、それよりも、私は犯行の裏に隠された動機や狙いを知る方がもっと好きです。犯行の動機や背景を考え、その理由がわかった時、「こんなドラマがあったのか！」と、誰かに話したくなるくらい感動するからです。

決算書を読み解くのも、それと似ています。決算書の数字を手掛かりに、企業の真の狙いを読み解いていく――ある意味、ナゾトキです。ですが、

簿記や会計を学んでも、思った以上に実際の決算書が読めない。

と思ったことはありませんか？

実務で決算書にふれた時、私が感じたことです。大学では会計のゼミに所属し、大学院では経済学研究科の修士課程で、銀行の財務諸表を用いた実証分析の研究をしていたにもかかわらず、です。

当然ながら、売上や利益の数字は把握できますし、勘定科目の定義や財務指標は学びました。ですから、どういった場面で使えばよいのかはわかります。

しかし、いざ本物の決算書を前にして、「読もう」としても読めなかった。いや、「しっくりこなかった」という言い方が正しいかもしれません。数字を見ても「だからなんだろう？」で終わってしまうのです。

今思えば、**数字が表している本質的な意味が理解できていなかった**のでしょう。

なぜ知識を詰め込んでも、決算書が読めなかったのか。社会人になってから銀行で約12年強、スタートアップ企業のＣＦＯとして3年以上、２０２１年に創業して財務支援の事業に従事した実務を通じて、やっとその理由がわかりました。

第一の理由は、**「死んだ決算書」を題材に勉強していたから**です。

過激な表現で恐縮ですが、会計の入門書では多くの場合、わかりやすく説明するために架空のP／L（損益計算書）やB／S（貸借対照表）を扱います。初心者にはわかりやすいのですが、読みやすく加工された決算書をいくら読んでも、それぞれの数字がどう影響し合っているのかが見えてきません。

事実、入門書の事例と実際の決算書には大きく乖離《かいり》があります。そのため、実際に企業が出している決算書を読まないと、勘所を押さえることが難しいのです。

同じ泳ぐ行為でも、安全な室内プールで泳ぐのと、川や海といった自然で泳ぐのとでは、息継ぎのタイミングや障害物の有無など、気にするポイントは当然変わってくるはずです。

決算書も同様です。決算書を読めるようになるには、実際のビジネスで使われる、**数字が有機的につながった「生きた決算書」、それも最新のものが望ましい**のです。

第二の理由は、**決算書を読む視点を理解していなかった**ことです。

決算書は「ビジネスの結果」が現れるものです。ただし、ビジネスは立場によって、見え方が変わります。

もし、周りに公認会計士、企業の財務担当、経理担当、銀行員、株式投資をしている人、アセットマネージャーがいらっしゃる方は、「1分間で決算書のどこを見ますか?」と質問してみてください。人によって読み方がまったく違うはずです。

私自身、銀行員として企業や事業への投融資とリスク管理をしていた時と、CFOとして財務管理をしている時、財務支援をしている時では、それぞれ見るポイントが違います。

ちなみに、本書執筆にあたって、公認会計士（会計士）、資産運用会社勤務の方、事業会社勤務で中小企業診断士の方に、この質問をしてみたところ、見事にみんな違う回答をしていました。詳しくは、第5章をお読みください。

立場や職種の違いによって、数字の意味も重要度も異なる。この違いを意識することで、初めて決算書を立体的に読めるようになるのです。

さらに、会計の視点とファイナンスの視点、どちらも持つことが重要です。多くの場合、会計の視点では過去と利益を重視します。ですが、これだけでは決算書を正確に読み解けるとは限りません。

そこで重要になるのが、ファイナンスの視点です。**ファイナンスの視点では、未来とキャッシュを重視します。**このファイナンスの視点は、全編を通じて何度も出てくる考え方なので、ぜひ覚えておいてください。

第三の理由は、**ビジネスが複雑化したことです。**

本書では、メルカリ、ソフトバンクグループ、Slack、アマゾンなどといった企業を取り上げています。こうした企業の事業は、20年前にはほとんどありませんでした。

20年前は、私がちょうど大学のゼミで会計の勉強をしていた頃。ですが、仮にその当時の知識のまま、これらの企業の決算書を読んでも、分析はまったくできなかったと思います。

なぜならば、ビジネスモデルの理解が足りないからです。

伝統的な小売業や飲食店といった企業の決算書を読むだけなら、かつての私でも、それほど難しくないはずです。シンプルで、今も昔もあまり業態が変わらないからです。

ですが、ＶＵＣＡ【1】と呼ばれる現代においては、ビジネスが複雑化するとともに多様化しています。企業の決算書も同様に、もしくはそれ以上に複雑化していると言えます。

以上を踏まえると、今の時代に決算書を本質的に読めるようになるには、

①「生きた決算書」を題材に、

②多様な視点から、会計とファイナンスの知識を用いて、

③複雑なビジネスモデルを理解する

ことが肝要になります。

◆ビジネスの解像度を上げる「魔法の道具」

決算書は、数字だけで読もうとしても、ダメなのです。**「決算書を読み解く」には、あらゆる知識を総動員しなければなりません。すなわち、「知の総合格闘技」なのです。**

――というと、難しく聞こえてしまいますが、本書は決算書をテーマにしたエンタメなので、ストーリー形式で、楽しく進めていきたいと思います。

登場人物は、この二人です。

中村さん。日系老舗《しにせ》メーカーで人事を担当している28歳。異動経験がなく、何か武器が欲しいと考え、簿記2級を取得。「このまま今の会社に居てもいいのか……」と不安を覚え、転職を検討中。最近、投資に興味を持ち始めた。ゼミの先輩である宮田さんとはOB・OG会で知り合い、たびたび仕事の相談にのってもらっている。弟気質な甘え上手。

宮田さん。中村さんのゼミの大先輩。大手日系金融機関を経て、外資系投資銀行、ファンドで働いた後、現在はスタートアップ企業のCFOとして活躍中。MBAも取得していて、決算書を見れば、一発で数字に隠れた「企業の本心」を見抜く。面倒見がよく、穏やかで、誰に対してもフランクな敬語。OB・OG会の中でも慕われており、ゼミの後輩の相談によくのっている。

【1】「Volatility（変動性）」「Uncertainty（不確実性）」「Complexity（複雑性）」「Ambiguity（曖昧性）」のそれぞれの頭文字を並べたもので、環境の変化が激しく予測が困難な状況を意味する。

ただし、エンタメだからといって、侮《あなど》るなかれ！

本書は「ワンランク上の会計を知りたい人」はもちろん、「株式投資で決算書の読み方の理解を深めたい人」「就職活動・転職で企業を分析したい人」「経営や事業責任者の視点から、会計・ファイナンスを学びたい人」にも十分満足して頂ける内容です。


最後に、決算書が読めるようになると、何が起こるのか？　それは、**「お金の流れ」をつかみ、ビジネスへの理解度、解像度が格段に上がる**ことです。その意味で、決算書を読むスキルは「魔法の道具」だと言えます。

決算書を読むスキルを学ぶ以前と以降では、見える世界が一変するはずです。どんな世界が見えるようになるかは、読後のお楽しみです。

宮田さんとの対話を通じて、成長していく中村さんとともに、読者の皆様も決算書の読み方を楽しく学んでくだされば幸いです。何かしらの気づきや学びを提供できれば、筆者としてこれほど嬉しいことはありません。

決算書ナゾトキトレーニング

目次

第1章　メガベンチャー「メルカリ」228億円の赤字でも絶好調の謎

第2章　経済のプロ99人が読み解けなかった「ソフトバンクグループの決算書」

第3章　3兆円で買収された300億円赤字企業「Slack」のポテンシャル

第4章　GAFA売上高№1のアマゾンは本当に「利益を出さない」のか？

第5章 お金のプロでも差が出る「決算書の読み方」

第6章　世界初の「ESG経営」エーザイは、何がそんなにスゴいのか？

第7章 電通の「本当の値段」はいくら？ 6000億円が吹っ飛ぶ⁉ 名門企業の大誤算

第1章

メガベンチャー「メルカリ」228億円の赤字でも絶好調の謎

最近、仕事にやりがいを感じられない中村さん。

それに比べ、大学時代の友人はベンチャー企業でイキイキと働いている。

「自分もベンチャーに転職してみようかな……」

そんなことを考えながら、何の気なしに名の知れたメガベンチャー「メルカリ」の業績を調べてみた。

すると、２０２０年6月期は２２８億円の赤字という情報が目に飛び込んできた⁉

何かの間違いではないか？　ベンチャーって大丈夫なのか？

仕事で迷ったら必ず相談する宮田さんとお茶をしながら、話を聞いてみた！

◇なぜ、ファイナンスを学ばなければいけないのか？

宮田さん、ご無沙汰してます！

おつかれさま。中村さん、転職を考えてるんですって？

ハイ！　ちょっと思うところがあって……。

今の職場がブラックという感じでしょうか。

そういうわけじゃないんですけど、なんていうか、今の仕事、やりがいが感じられなくて。宮田さんも知ってる山野っているじゃないですか。あいつ、ベンチャーに行ったんですけど、すっごい楽しそうに仕事してて。この前もtwitterに『10億円調達達成』とか書いてて。なんか、充実してそうだなと思ったら、僕はこのままでいいのかなって……。

うんうん、その気持ちわかります。私もそうでした。

ハイ。僕もベンチャーへの転職活動を考えてみて、とりあえず知ってる企業の決算書から調べ始めたんです。それで、個人間プラットフォームでCtoCのビジネスをして

いるメルカリの業績を調べたら、228億円の赤字って出てきたんですよ（図表1-1）。上場もして、めっちゃ儲かってますって顔して、実は火の車っていう。業種にもよると思うんですけど、ベンチャーの実態ってそうなんですか？

僕も簿記はそれなりに勉強したんですけど、こういうのに詳しいのって、やっぱりスタートアップ企業のCFOとしてバリバリ働いてる宮田さんだと思って……。

話はわかりました。ちなみに、中村さんはメルカリの決算書のどこを見たんですか？

え？　どこって……、そりゃあ、利益ですよね。利益を出しているかが一番大事ですよ。その次は売上高かな。どれだけ売り上げているかも大切ですね。あとは、株価ですね。最近株価が上がっているかどうか見ました。

確かに、フツーそうですね。でも、実は、**全然見るべきポイントが違うんです。**

え!?　でも、そういった感じで株式投資をしている人とかもいるじゃないですか！

図表1-1　メルカリ 売上高及び当期純損失

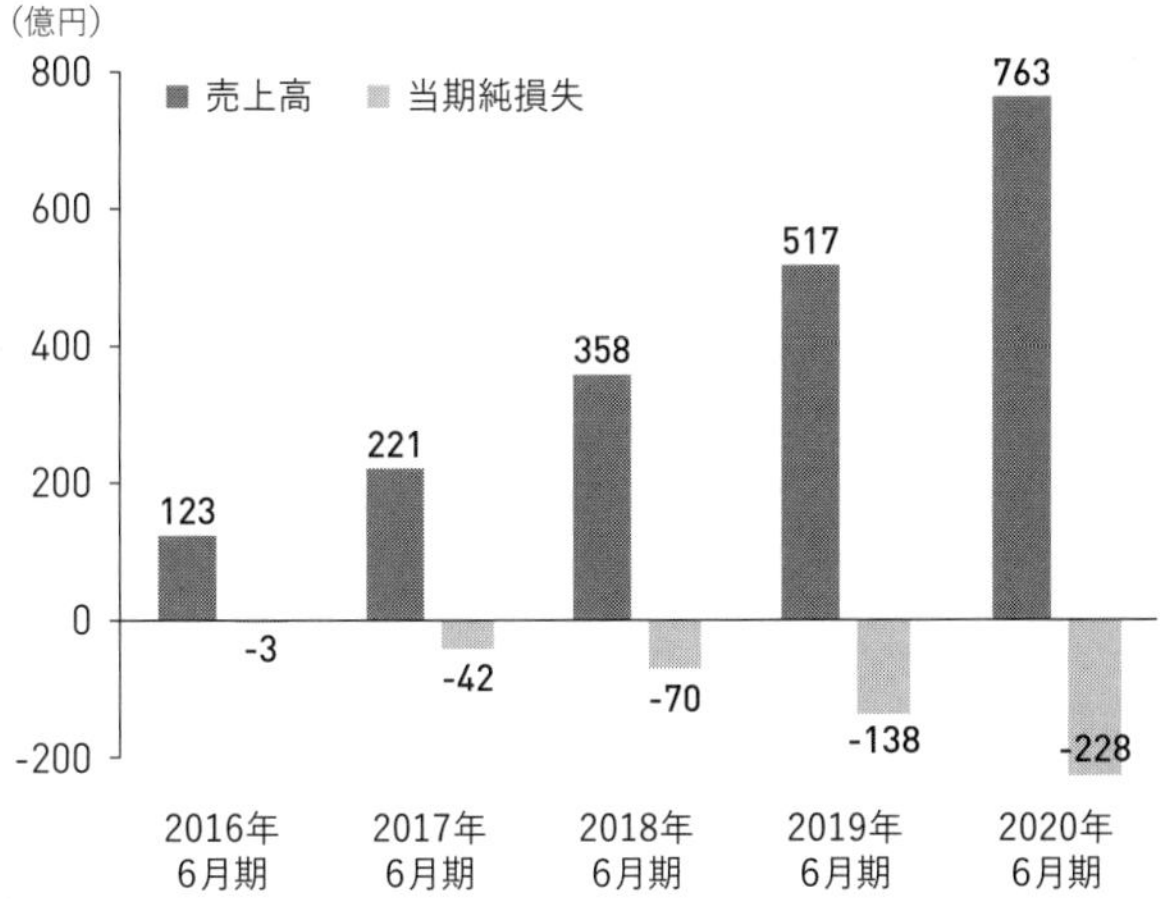

その通りなんですけど、それで「メルカリ」の業績をまったく分析できていませんよね？　通常の上場企業を分析するには中村さんの見方で通じるケースもありますが、成長著《いちじる》しいメガベンチャーやスタートアップ企業を分析する際にはそれだけだと残念ながら足りないのです。

もっと会計の知識が必要ってことですか？

いや、そうではなくてですね。**メガベンチャーやスタートアップ企業、ひい**

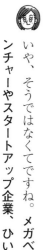

てはメルカリの決算書を読み解くには、ファイナンスとビジネスモデルの理解も必要なんです。

ファイナンスとビジネスモデル……。ビジネスモデルはまだしも、なんでファイナンス？

ざっくり言うと、会計は「過去」、ファイナンスは「未来」を見る指標です。成長が著しい企業では、実績だけではなく将来性を重視する必要があるんですね。

未来ですか……。

そう！　そしてファイナンスを通じて未来を考えるにあたって、重要なことは利益ではないんです。**それよりも、将来キャッシュフローを生むかどうかが重要なんです！**

そもそも、キャッシュフローが何なのか、実はよくわからないんですけど。

ＯＫ。まずはそこから説明しましょうか。

◆どうなると、企業は「倒産」する？

さて、さっき中村さんが言ってたように、メルカリは２０２０年6月期までは赤字ですよね？

そうなんですよ。成長してる印象だったのに。このままいけば倒産するんじゃ？

では、**企業ってどうなったら倒産するかわかりますか？**

ん？　そりゃあ、赤字が続いたらいつかは倒産しますよね。

あとは、いわゆる債務超過ですかね。バランスシートは「資産」と、「負債＋純資産」でバランスしていますから、資産よりも負債の方が多くなれば、純資産がマイナスになって倒産してしまいますね（図表1-2）。

よく勉強していますね！　でも、惜しい。残念ながらどちらも違います。**赤字が続いても、必ず倒産するとは限らないし、債務超過だからといって倒産するわけでもありません。**

え？　なんでそうなるんですか⁇

倒産の可能性は高まっても、赤字や債務超過がそのまま倒産につながるわけではないからです。メルカリは5期連続赤字でしたが、ハッキリ言って倒産することは当面ありません。債務超過という意味なら、スターバックスも債務超過ですよ。

そういえば、スタバが債務超過ってニュースで見ました。[2] 当時は「ふーん」って感じだったけど、**確かに債務超過なのになんで倒産しないんだろう？**

図表1-2　債務超過のB/Sと通常のB/S

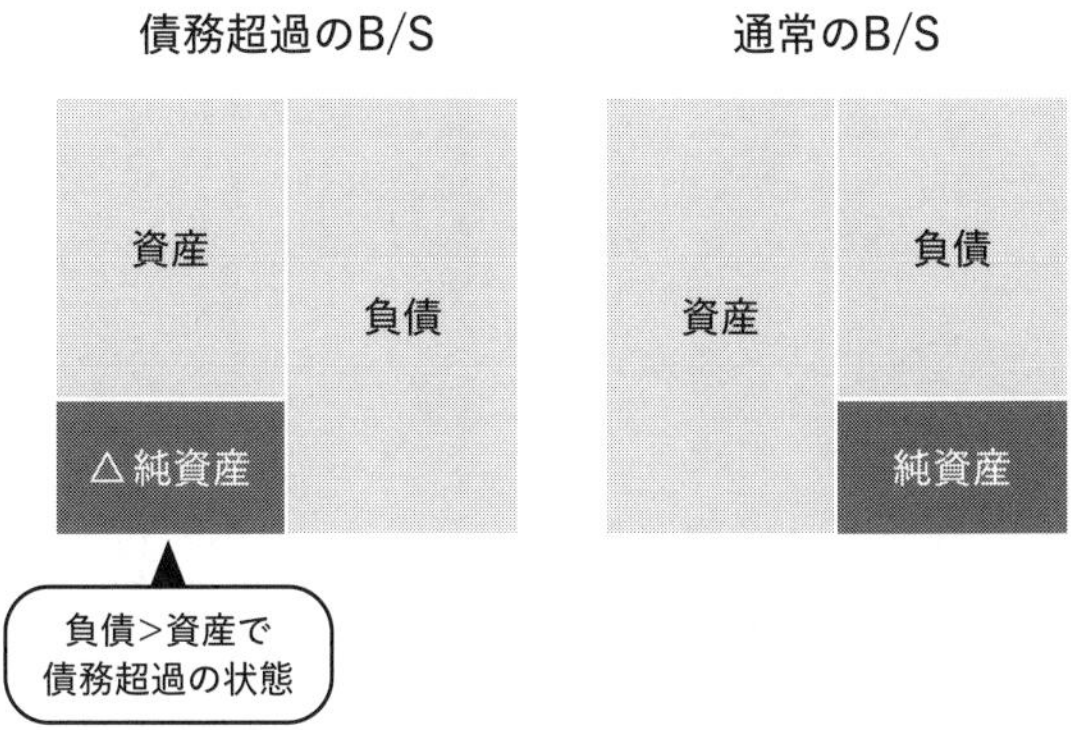

そこで大切なのが、ファイナンスの視点です。

先程お話されていた「キャッシュフロー」ですか？

そう。「将来生み出すと予想されるキャッシュフロー」が大事です。ファイナンス的視点では、ここさえしっかりしていれば、赤字だろうが債務超過だろうが企業は評価されます。

これは、**利益ではなくキャッシュ、つまり企業が生み出す現金に注目する**ということなんです。

さっきの企業が倒産する時について

の答えはこれです。**企業はキャッシュがなくなると倒産するんです。**別の見方をすれば、赤字でも、債務超過でも、キャッシュさえ回れば企業は生き続けます。

視点を変えると、会社は黒字でも倒産します。黒字倒産って知ってますか？

たまにテレビやニュースで聞きますが、あんまりわかっていないですね……。

企業は利益が出ていても、キャッシュがなくなると倒産します。いくら儲かっていようと、取引先への支払い、従業員の給料、税金、そして借入金の支払い期限等が来ても、支払いができないと事実上倒産になるのです。
たとえば、コンサルティング業務をしているとして、毎月売上を計上しても、入金があるのは1年後だった場合、その間にキャッシュがつきてしまうと倒産するというのが、黒字倒産です。
だから中小企業は資金繰りを常に意識しているんですね。

そんなこと、全然意識してませんでした。

そうですよね。特に大企業で働いている人はこの視点を持ちにくい。なぜならば、自社の成長において大事なのは、売上高や利益だからです。

でも、スタートアップ企業や中小企業は違います。キャッシュがなくなると、会社の事業を回せなくなる。従業員の給料、取引先や税金の支払い——これらでキャッシュを使うので、スタートアップ企業や中小企業の経営者は毎月資金繰りに冷や冷やしながら会社の通帳やネットバンキングで現預金残高を確認しているんですよ。

てことは、メルカリについても現預金残高を見ればいいってことですね！

そうですね。色々ありますが、今日はメルカリについて理解を深めるため、ファイナンスとビジネスモデルに関して、「時価総額」と「キャッシュフロー計算書」から分析しましょう。

【2】米企業、株主還元で債務超過。スタバなど24社計7兆円
https://www.nikkei.com/article/DGXMZO55605220T10C20A2EA2000/

◇企業を株価で比較してはいけない！

ところで、メルカリ以外の企業とか調べてみました？

はい、他の企業の株価を比較してみました。メルカリの株価は今6160円（2021年9月30日時点）なんですけど、メルカリの競合だったフリルを買収した楽天グループ（以下、楽天）の株価は1081円（2021年9月30日時点）で、楽天よりもメルカリの方が株価は上なんですよ！　株価が6倍近くあるってすごくないですか？　でも、なんでメルカリの方がこんなに株価が高いんですかね？

その質問に答える前に、中村さんは今、**メルカリと楽天の株価をそのまま比較しましたね？　実はそれ、最もやってはいけないことの一つです。**株価を単純に比較して、「メルカリの株価の方が高いから、良い企業」というのはご法度《はっと》です。

なんでですか？　ニュースでもネットでも言ってるし、比べやすいじゃないですか。

株価は正確な会社の値段ではないからです。きちんと比較するためには、さっき言った時価総額を使わなければなりません。

時価総額＝株価×発行済株式数

で計算されますが、発行済株式数は株式分割[3]によって増やせます。ただし、株式分割をすると発行済株式数は増えますが、株価は下がります。株価×発行済株式数の積は一定だからです。

１枚のピザを４枚に切っても８枚に切っても、ピザ全体の大きさは変わらないですよね？　それと一緒です。

【3】株式分割とは、資本金を変えずに、発行している株式を分割すること。たとえば１００株を発行している会社があるとして、１株を10株に株式分割すると、株式は１０００株になる。ただし、資本金はそのまま。

ということはピザを時価総額にたとえると、**１枚あたりのピザの大きさが株価で、ピザを切った枚数が発行済株式数ということですね。**

その通りです。以前ライブドアという会社で、株式分割をする度に理論値よりも株価が上がり、時価総額が増えていった錬金術のような事件もありました[4]。

しかし、今は法律も整備されて、理論上は株式分割をしても時価総額は大きく変わらないはずです。

といっても、株式分割をして株価が下がったことで、株に投資をしやすくなり、株式への需要が増えて、時価総額が増えることもあり得ます。だから厳密には、時価総額にまったく影響がないとは言い切れないんですけどね。

◇株式市場が「美人コンテスト」に見立てられる理由

で、時価総額ってどこに載っているんでしたっけ？

実は、企業の決算短信や有価証券報告書に時価総額は出てきません。時価総額は、株価の情報が載っているような——たとえば、ヤフーファイナンスや日経新聞のネット版に掲載されているから、それを確認しましょう。

もちろん、有価証券報告書から発行済株式数を探してきて、その値に直近の株価を掛け算して計算しても大丈夫です。

ええと、メルカリの時価総額を調べると……、株価は６１６０円で、発行済株式数は１・57億株。約９８２７億円（２０２1年9月30日時点）。スゴ！

確か、ユニコーン[5]の時価総額は１０００億円以上でしたよね。**メルカリはすでにそのステージを大きく超えていますね。**

【4】当時、株式分割をしても、実際に分割された新株が発行されるまでは、ある程度の日数がかかった。その間、市場で流通する株式が品薄になることで、株式分割を通じて株価を上昇させることが可能だった。

【5】ユニコーンとは、評価額が10億ドル以上の未上場企業のこと。ユニコーン企業の条件として、創業10年以内としている場合もある。

関連で楽天の時価総額は……1・7兆円。株価はメルカリよりも低いものの、時価総額はさすがに楽天の方が上ですね。

楽天は日本で最も大きいEC企業ですからね。メルカリは日本でも有数のユニコーンとして上場をしましたが、その後も成長を続け、今や時価総額でも日本企業の中で上位に食い込んでいますね。

でも、9827億円って数字がデカすぎて、スゴさがよくわからないんですよね。

日本における上場企業の数は4000社弱。その中でメルカリの時価総額の水準は150位前後。つまり、**上場企業の中で上位4%に該当します。**

それはスゴい！　でも、赤字はずっと続いていますよね？　なんでこんなにメルカリは評価されているのか、余計わからないんですけど……。

株価はどうやって決まっているか、考えたことはありますか？ 言い換えると、時価総額はどうやって決まるのかってことになります。

将来、儲かりそうな会社の株価は上がって、そうでない会社の株価は下がるとか？

まさにその通りです！ **株価は、売りたい人と買いたい人の需給で決まります。** そのうえで、ファイナンス風に言うと「株価は企業が将来生み出すであろうキャッシュフローの予測によって決まる」ことになります。ここでいう予測とは、「市場の見立て」です。

見立て？

そう。中村さんはランキングとか見ます？

あー、よく見てますね。人気YouTuberとか映画の興行収入ランキングとか。昔は、

アイドルの人気を投票で決める選挙とか、気になってましたね。

まさにそのランキングと同じことが株式市場でも起こっているのです。**このことをジョン・メイナード・ケインズという経済学者は美人コンテストにたとえました。**好きな芸能人でもなんでも、一位を当てる時、重要なことはなんだと思いますか？

それは、「目利き力」ですね。自分の「推《お》し」が1位になると嬉しいじゃないですか。

半分正解で半分間違いですね。目利きは大切ですが、推しを応援するのと、1位を当てるのは、意味が違いますよね。

ケインズは美人コンテストについて**「1位を当てるためには、自分がいいと思った人（推し）を選ぶのではなく、みんなが1位になると思う人を選ぶのが重要だ」**と説きました。ここでは自分の好みは正直二の次で、みんなが美人だと思う人を選ぶことが大切になります。

そうか！　メルカリの赤字が続いているからダメだと思ってたけど、株式市場では評価されている。すなわち、みんなはメルカリが将来キャッシュを生むと思っているってことですね。メルカリ、モテモテかよ〜。

◇赤字続きでもモテる秘密は、「GMV」

でも、ずっと赤字続きのメルカリの「何」を株式市場が評価しているのか、やっぱりわかりません。欠点もあるのになんで、あいつばっかりモテるのか……僻《ひが》みみたいだけど、納得いかない。

「赤字の質」をしっかりと見る必要があります。**そこで、注目すべきなのがキャッシュフロー計算書（C／S）です。**

損益計算書（P／L）や貸借対照表（B／S）よりも影が薄いですが、ファイナンス的な視点では、ある意味でP／LやB／Sよりも重要です。

以前会計の本を読んで、Ｃ／Ｓを理解しようとしたのですが、直接法とか間接法[6]とかあって、正直よくわからなくて挫折したんですよね。

世の会計本では、Ｃ／Ｓの「作り方」から解説する傾向がありますが、実際に実務においてＣ／Ｓを「作る」立場の人はほぼいませんから、「見方」を覚える方が大事かもしれませんね。

それも、十分難しそうですよ。

そんなことありません。Ｃ／Ｓは、営業活動に関するキャッシュフロー（営業ＣＦ）、投資活動に関するキャッシュフロー（投資ＣＦ）、そして財務活動に関するキャッシュフロー（財務ＣＦ）の３つから構成されていて、次の図表1-3にある営業ＣＦ・投資ＣＦ・財務ＣＦの３種類に、それぞれプラスマイナスの２種類をかけ合わせた「３×２」の見方だけ覚えれば大丈夫です。

図表1-3 「3×2」で覚えるC/Sの見方

営業CF＝本業の活動により稼いだCF

＋ 営業CFの**プラス要因**：
商品・サービスを販売することで
キャッシュを獲得した状態

0

− 営業CFの**マイナス要因**：
仕入や給料の支払い等をすることで
キャッシュが出ていった状態

※プラスの時は本業でCFを獲得し、マイナスの時は本業でCFを獲得していない状況。

投資CF＝設備投資や資産の売却によるCF

＋ 投資CFの**プラス要因**：
有価証券や有形固定資産などの資産を売却し、
キャッシュが入った状態

0

− 投資CFの**マイナス要因**：
投資目的で有価証券や固定資産などを購入し、
キャッシュが減った状態

※投資をした設備等を売却してキャッシュを得るとプラスになる。一方、投資をしている方がマイナスになるため、経営として攻めていると見なされる。

財務CF＝資金の調達や返済によるCF

＋ 財務CFの**プラス要因**：
銀行借入や増資をすることで
キャッシュが増えた状態

0

− 財務CFの**マイナス要因**：
借入の返済や自社株買い[7]などで、
キャッシュが減った状態

※投資を増やしたり、資金繰りを安定させたい時には資金を調達するため、財務CFはプラス。反対に、借入金を返したり、自社株買いをすると、財務CFはマイナスになる。

特に、営業CFに注目してください。これは、営業活動から生まれるキャッシュフローのことで、簡単に言うと本業を通じてどれだけキャッシュが生まれたかを示しています。

利益でよくないですか？　というか、**キャッシュフローと利益って違うんですか？**

意外かもしれないけど違います。中村さんは学生時代にバイトをやっていましたか？

はい。コンビニ、カフェ、家庭教師とか、ひと通りやりましたね。

たとえば4月1日からバイトを始めたとして、給料はいつもらえましたか？

う～ん。カフェのバイトは月末締めで翌月25日払いだったな。ってことは5月25日か。その間、交通費は自腹だったからバイト代をもらえるまで結構辛かったなぁ。

今の感覚が利益とキャッシュの違いです。企業の視点では、4月にバイトに働いてもらったら、5月に支払う給料であっても、4月の時点で費用を計上します。他方、バイト代をもらう立場となる中村さんが個人事業主だとしたら、4月で締めた時点でバイト代を売上高に計上できるのです。でも、実際にお金をもらうのは5月25日。ということは、実質4月と5月の約2カ月間お金が入ってこないことになります。

つまり、**利益は数字上ですぐに記録されるのですが、リアルにキャッシュが手元に入るのは少し先なので、タイムラグが生じるということ**です。

先ほどの黒字倒産の話と少し似ていますね。

【6】直接法は、営業活動の入金と出金を取引内容ごと（売上による入金、仕入による支出など）に総額集計して表示する手法。そのため、直接法で表示されたC／Sは直感的に理解しやすいが、作成するためには帳簿の集計とは別の視点から別途集計しなければいけないため、手間がかかる。間接法は、利益をスタートラインにして、利益とキャッシュに差がある項目を加減算してキャッシュに合わせていく手法。基本的にP／LとB／Sから作成することができるため、直接法に比べて手間がかからず、実務では多くの会社が採用している。

【7】自社株買いとは、企業が自ら資金を用いて、発行した自社の株式を買い戻すことをいう。配当と同様、株主還元のための手法の一つ。

そうでした！　バイトを始めてから最初の給料日まで結構時間があって、日雇いバイトですぐに給料をもらえるバイトは重宝しました。

この単純な例でも、利益とキャッシュが違うのはもちろん、今手元にあるお金、キャッシュに注目する重要性がわかりますね？

はい！

では、早速メルカリのＣ／Ｓの営業ＣＦを見てみましょう。メルカリの税引前当期純利益は２０５億円の赤字ですが、営業ＣＦはプラス。すなわちキャッシュを生んでいます（図表1-4）。

これ私の読み間違えでなければ、メルカリの営業ＣＦって１２５億円もあるということですか？　税引前当期純利益は２０５億円の赤字で、営業ＣＦは１２５億円もプラスって、何が起きてるんですか？

図表1-4　2020年6月期 メルカリの営業CF

単位：億円

	当連結会計年度 （自 2019年7月1日 至 2020年6月30日）
営業活動によるキャッシュ・フロー	
税金等調整前当期純損失（△）	△205
減価償却費その他の償却費	15
未払金の増減額（△は減少）	86
預け金の増減額（△は増加）	△43
預り金の増減額（△は減少）	377
差入保証金の増減額（△は減少）	△120
法人税等の支払額（△は増加）	△27
その他	43
合計	125

預り金の増額により377億円のキャッシュが増えた

さっき、**当面メルカリは倒産しないと言ったカラクリがここに隠されています。**細かい科目はわからなくてもいいですが、この中で大きい数字はどれかわかりますか？

「預《あず》り金《きん》の増減額」？　３７７億円ですね。これが何だっていうんですか？

まさにこれがメルカリの儲けの秘密、ビジネスモデルのポイントです。中村さんはメルカリで何か売ったことはありますか？

ＤＶＤとか漫画とか……あとたまに服も売りますね。

売った後のお金ってどうしてます？

貯めておいて、メルカリ内での買い物やメルペイで使ったりしますね。

それです。**その中村さんがすぐに使わないお金がメルカリに残っているんです。**これは預り金といって、メルカリがユーザーから一時的に預かっているお金ですが、このお金のおかげでメルカリは資金繰りがだいぶラクになっています。

ということは、メルカリが事業を伸ばせば、この預り金は増え続けるんですか？

理屈としてはその通りです。**メルカリが最も重視しているのはＧＭＶ（Gross Merchandise Value　流通取引総額）と言われる指標です。**これは簡単に言うと、メルカリで取引された商品の流通総額。このＧＭＶのうち、一部が手数料としてメルカリに入ってくる。それがメルカリの売上高になるというものです。

そのＧＭＶって、実際どれぐらい伸びてるんですかね？

２０１７年６月期は２３２０億円でしたが、その後成長を続け、18年６月期は３４６８億円、19年６月期は４９０２億円、そして20年６月期は６２５９億円と増え続けています。

増えまくりですね！　これだけ取引が増えれば、預り金も増えていきますね。

だからメルカリが会計上の赤字を増やそうが、ＧＭＶが伸びている限り、資金繰りは大きな問題にはならないんです。

このカラクリはＰ／ＬとＢ／Ｓを読むだけではなかなか見抜けません。特に利益とキャッシュにズレが生じるメルカリのような企業ではＣ／Ｓの確認は必須です。

◇メルカリの財務体質は「健全か危険か」？

さて、ここで質問です。営業ＣＦ、投資ＣＦ、財務ＣＦそれぞれプラスとマイナスの２種類あります。ということは全部でＣ／Ｓは２×２×２で８パターンあることになりますよね。

はい。

２０２０年６月期のメルカリは、営業ＣＦはプラス、投資ＣＦはマイナス、そして財務ＣＦは少しプラスですね。ということは、**メルカリの財務体質は健全？　それとも危険ですか？**

２０２０年６月期でいうと、具体的にはメルカリの営業ＣＦは１２５億円、投資ＣＦはマイナス27億円、そして財務ＣＦは４・７億円。そしてこれらを合計した結果、お金が増えていますね。キャッシュの残高も増え続けています。

安全……って言いたいけど、キャッシュが増えているとはいえ、借金ばかりだとむしろ経営的には厳しくなりますよね。実際、直近ではわずかといえど、財務ＣＦはプラスになっていますし。

鋭いですね！　いわゆる財務分析における安全性分析ですね。流動比率や自己資本比率を見ることで企業の健全性がわかるのと同じです【8】。

いくらキャッシュが多くても借金ばかりだと健全ではないですよね。

そう、そこでファイナンス的視点では、「ネットデット（Net Debt）」という指標に注

【8】流動比率は、流動資産÷流動負債で計算される。流動負債に対して流動資産がどのくらいあるかを見る指標であり、１年以内の資金繰りの状況を把握するためのもの。流動比率が高いほど短期的な財務の安全性が高いと言える。自己資本比率は、純資産÷総資産で計算され、総資産のうち、株主に帰属する割合がどのぐらいかを見る指標。自己資本比率が高ければ、負債が少ないということであり、中長期的な財務の健全性が高いと言える。

目します。

初めて聞きました。何ですか？　それ。

有利子負債からキャッシュを引いた残高のことです。ここで有利子負債とは、借入や社債のように、金利が発生する負債のことを指します。

たとえば、企業が借金を10億円抱えているとして、キャッシュが手元に3億円あるとしたら、ネットデットは7億円ってことですか。

そうです。メルカリは、キャッシュの残高は２０２０年６月末時点で１３５７億円。それに対して有利子負債は５２４億円ほどですね。

てことは、有利子負債５２４億円－１３５７億円でマイナス８３３億円ですね。つまり……。

ネットデットがマイナスということは、実質無借金経営ということになります。
すなわち、有利子負債を手元のキャッシュですべて返済しても、なおキャッシュが残るんですよ。家計でたとえると、住宅ローンを５０００万円抱えながら、キャッシュを１億円以上持っているような状況です。

赤字が拡大しているのでヤバイと思っていましたが、そんなことないんですね。

もちろん懸念すべき点はあります。それは、預り金が８４０億円もあることです。これはメルカリではなく、ユーザーのお金ですからいつか返す必要があります。
一方で、資産の側には未収金が１５６億円[9]もあるので、トータルで言うと資金繰りには問題ありません。この未収金は、近々キャッシュに変わることが約束されている

【9】未収金とは、商品以外のものを販売等して、その代金を後日に受け取ることになった場合に使う勘定科目のこと。メルカリのケースでは、メルペイスマート払い（翌月払い・定額払い）により、まだメルカリが受け取っていない代金が多くを占めている。

からです。メルカリの場合、メルペイスマート払い（翌月払い・定額払い）[10]から構成されています。

メルカリならではのビジネスだからか、決算書の内容もだいぶ特殊ですね。

◇「損益の質」に注目してみよう

それにしてもメルカリはいつになったら黒字になるんですか？

もっともな指摘です。というか、**メルカリは2021年6月期についに黒字化しました。営業利益で52億円、当期純利益で約57億円の黒字です。**

え⁉　そうだったんですか。

そうなんです。2020年6月期において、確かにメルカリは赤字でした。

でも、それは「連結での話」です。

確か子会社や連結子会社とかも、P／LやB／Sに含めるってことですよね。

メルカリの決算と言っても、それは連結のもので、具体的にはメルカリは子会社を合わせてP／LやB／Sを出しています。メルカリ単体での業績では、２０２０年６月期で営業利益は約１１７億円、経常利益は約１１６億円の黒字です[11]。

２０２０年６月期でも、メルカリ単体では経常利益までは黒字なんですね！

そうです。実際、メルカリの決算説明資料でも、メルペイの業績を調整した「調整後

【10】通常、メルペイは前払いで入金したものを使って決済する（プリペイド式）が、メルペイスマート払いは前払いの入金は不要で、メルカリが立て替えた後に決済されるもの（クレジットカードと同じ仕組み）である。

【11】ただし、関係会社株式評価損等で３７１億円の損失を計上しているため、単体での税引前利益は、２５６億円の損失となっている。

営業利益」を表示しています。なお、２０２０年６月期のメルカリの調整後営業利益は１８５億円となっています。

つまり、連結では赤字なものの、メルカリ単体では経常利益は黒字になっていて、キャッシュを十分に生み出せる事業を持っているのです。さらに、メルカリの場合は損益の質も大事ですね。

損益に質ってあるんですか？

連結でのメルカリの売上高に占める広告宣伝費の割合は45％。数字でいうと３４３億円（２０２０年６月期）に達します。

そんなに広告宣伝費をかけているんですか！

メルカリのGMVは伸びているというのは先程説明しましたね。なぜこれほど増えているかというと、継続的に広告宣伝費をかけてユーザーを増やしているからなんで

す。**メルカリは全体では赤字ですが、めちゃくちゃ攻めの赤字だったんです。**

メルカリって連結で見ても当期純損失が２２８億円。広告宣伝費が３４３億円ってことは、極論を言うと広告宣伝費を減らせばすぐに黒字にできるんですね。

その通りです。これがメルカリの強さです。**メルカリは連結でも黒字にしようと思えばいつでもできたのです。でも、広告宣伝費を通じて、新規顧客を獲得して、ＧＭＶを上げた方がトータルでリターンが高い**という経営判断をしたんですね。

そうか。メルカリの場合、ユーザーの情報を持っているはずだし、一人当たり将来に渡ってメルカリをどのぐらい使うかを計算できる。しかも、一度顧客を獲得できれば、継続的に使ってもらえる可能性がある。

だから、１ユーザーの獲得から得られる収益はその場限りではなく、場合によっては複数年に渡って効果があるんだ。それと広告宣伝費を比較すれば、広告宣伝費を使って顧客を獲得した方が、コスパがいいということか。

だからメルカリはたとえ広告宣伝費で赤字を出してでも、顧客の獲得のために、広告宣伝費という投資を積極的にしているのです。
　ちなみに、中村さんはメルカリをどのぐらい使っていますか？

そういえばもう3年以上使っていますね。

中村さんのような顧客がいれば、メルカリの事業は将来キャッシュフローを生み出せますね。

◇メルカリの成長戦略「次の一手」とは？

メルカリの赤字の要因はわかりましたけど、2020年6月期の調整後営業利益は黒字なのに、なんで当期純利益は赤字になったのでしょうか？

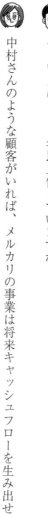

図表1-5　育てる事業を見極めるPPM

メルカリの事業の3本柱は、メルカリ、アメリカ事業、メルペイです。その中で、メルカリでキャッシュを稼ぎ、アメリカ事業とメルペイに資金を分配しています。

いわゆる集中と選択の観点では、メルカリ事業に絞ってもいいんじゃないですか？

そこがメルカリのすごいところです。並みの会社だとそう考えるはずでしょう。でも、メルカリはさらなる成長を考えているようです。図表1-5を見てください。中村さんは、コンサルで

よく使われるプロダクト・ポートフォリオ・マネジメントって知っていますか？

前に本で読みました。ＰＰＭというやつですよね。確か、横軸に相対的市場シェア、縦軸に市場成長率をとって、マトリックスで考えるフレームワークですよね。

それぞれの事業から生まれるキャッシュフローを、右下の「金のなる木」から「問題児」へ再配分し、「問題児」をできる限り「花形」に成長させることを理想とする。一方、「負け犬」への投資はできるだけ減らして、早い段階で撤退等をすることが望ましい、って感じだった気がします。

それに従うと、メルカリって今はどういう状況でしょうか。

メルカリのＣtoＣビジネスって国内でまだ伸びますよね。しかも、すでにメルカリは国内のリーディングカンパニー。国内のメルカリはまさに花形事業であり、金のなる木でもありますね。

メルペイとアメリカ事業はどうでしょうか？

そりゃあ……そうか！　決済はPayPayが強いし、アメリカでメルカリの知名度はまだ高くない。とはいえ、ともに市場は伸びている。まさに問題児ポジション！

メルカリは国内ＣtoＣビジネスで得られるキャッシュを問題児のメルペイとアメリカ事業に投資することで、第二、第三の花形を作ろうとしています。しかもメルペイはメルカリとも相性が良い。

ん？　どういうことですか？

メルカリで売り上げたお金の使い方は、メルペイが出るまでは次の２つでした。

①モノを売って得た売上を使ってメルカリで商品を購入する
②自分の口座に移してお金を使う

でもメルペイができたおかげで、

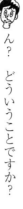

③メルカリで売った商品の売上をメルペイとして、メルカリ以外で決済することが可能になった

確かに。僕もそうやってメルペイを使いますね。

電子マネー市場は、PayPayを筆頭にLINE PayやSuica、iD、楽天Edyなどレッドオーシャンです。その中でも、メルカリでの売買を通じて自ら電子マネーを増やせるというのはメルカリならではの強みと言えますね。

メルカリは、極めて戦略的に成長しようとしているのがわかりますね。

最初に「メルカリの決算書を読み解くには、ファイナンスとビジネスモデルの理解も必要だ」と言いましたが、その意味がわかりましたか？

ありがとうございます！　よくわかりました！

よかったです。では、ここの支払いは私がメルペイを使うことでメルカリ経済を回しましょう。

第1章の学びポイント

- 売上高や利益も大切だが、ファイナンスでは「キャッシュをどれくらい生むか」が大切
- 株価の値ではなく、時価総額に注目しよう
- キャッシュフロー計算書、中でも営業CFに注目する
- 財務体質は「ネットデット」を指標にしよう
- 赤字＝悪ではない。「損益の質」をよく見てみること

第2章

経済のプロ99人が読み解けなかった「ソフトバンクグループの決算書」

メルカリの一件以来、決算書に興味を持ち始めた中村さん。

会計やファイナンスを意識してニュースを見るようになったある日、とある企業のニュースが飛び込んできた。

ソフトバンクグループが、2021年3月期に約5兆円の当期純利益（親会社の所有者に帰属する純利益）を達成したというのだ。

普段なら「すげー」で終わるところだが、中村さんはこう思った。

「数字がデカすぎないか？　通信事業ってそんなに儲かるっけ？」

いいところに気がついた！

だがしかし、これが「日本一複雑」な決算書を読み解く迷宮の入り口だった……。

数字だけ見てもわからない、決算書を読み解くために必要なカギとは一体？

◆「持株会社とは何か」説明できるか？

先日はありがとうございました。あの後、ニュースも色々見るようになって、会計や

ファイナンスに少しずつ興味を持つようになりました。

それはよかったですね。最近、気になる企業はありましたか？

コロナ禍《か》で業績が厳しい企業も多い中、**ソフトバンクが日本企業で過去最高の当期純利益を出したらしいじゃないですか。しかも約5兆円！** トヨタの利益の倍以上でビビりました。**でも、正直なんでそんなに稼げるのかがわからないんですよねー。**

ソフトバンクって、携帯とか販売する通信会社ですよね。ユーザー数はドコモが一番だし、そもそも自動車産業に匹敵する市場規模じゃないはず……。

もしかして、ソフトバンクとソフトバンクグループを勘違いしていませんか？

え？　ソフトバンクって2つあるんですか？

携帯とか通信事業を行っているのが、ソフトバンク株式会社。業界では、株式会社か

らもじって、ＫＫと言われたりもします。そして、このソフトバンクＫＫの親会社がソフトバンクグループ（以下ソフトバンクＧ）です。ソフトバンクＧはいわゆる持株会社で、傘下にはソフトバンクＫＫはもちろん、Yahoo!を傘下に持つＺホールディングスも子会社にいます。今回約５兆円の当期純利益を出したのは、通信会社であるソフトバンクＫＫの親会社のソフトバンクＧです。業界では、ＳＢＧと言われたりもしますよ。

そうだったんですね。ところで、持株会社って何ですか？　たまにニュースで見たりもするけど詳しくは知らないんですよ。

では、今日は持株会社の説明から始めましょうか。**そこから、徐々にソフトバンクＧの業績の秘密がわかってくるかもしれないですしね。**

◇「ソフトバンクＧ経済圏」に、知らずに取り込まれている

持株会社は、他の会社を支配する目的で株式を保有する会社のことです。

たとえば、三菱ＵＦＪフィナンシャル・グループは、三菱ＵＦＪ銀行、三菱ＵＦＪ信託銀行、三菱ＵＦＪ証券ホールディングスといったいくつもの金融会社の株式を保有しています。「〜ホールディングス」「グループ」という社名だと多くの場合、持株会社だと思って構いません。

ソフトバンクＧもこれと同じ。ソフトバンクＧの場合、１４００社近くの子会社、そして５００社以上の関連会社の株式を保有しています。

ちなみに日本で持ち株会社が解禁されたのは１９９７年なので、そこまで長い歴史はありません。

ソフトバンクＧはめちゃくちゃ多くの会社の株式を保有しているんですね！

そう。そうすると、たとえばこんな日常が可能になります。

「朝起きてスマホでYahoo!ニュースをチェックしていたら、ＺＯＺＯの広告が目についた。前から買おうと思っていた服が安くなっている！　迷いながら朝の支度をしていたら、LINEに『コロナ禍が終息したら旅行に行こう！』と友人からメッセージが入っていた。一休ドットコムを見ながら『どこに行くか、今度相談しない？』と友人に返信した。

今日はリモートワークの日だし、ランチはUber Eatsか出前館で焼肉弁当を注文しよう。クーポンが使えるから決済はPayPayで済ませよう。仕事にとりかかり、メモを書こうとしたら付箋が切れていることに気がついた。会社だったらアスクルでサクッと注文できるのに……」

ん？　つまり、どういうことですか？

今の話に出てきた8社はどれも、直接的・間接的にソフトバンクGが投資している会社です。

そういうことか！　どれも使っていますけど、まさか全部ソフトバンクGの投資先とは思いませんでした。結構、お世話になってるんですね～。

そう考えるとソフトバンクGは、通信の会社っていう枠を超えた企業の総合デパートのように見えてきました。イメージが大分変わりますね。

実際、ソフトバンクG代表取締役の孫正義さんもソフトバンクGのことを「投資会社」や「金の卵の製造業」と自ら言っているほどです。つまり、金の卵のような会社に多く投資をしていくってことですね。

◇正解率1%以下!?「孫会長からの質問」

ソフトバンクGは持株会社として、多くの会社を傘下に抱えているんですよね。でも、当然ながら持株会社はソフトバンクG以外にたくさんあります。

なんでソフトバンクGは日本一決算が複雑と言われているのでしょうか。

いい質問です。実際、過去の2019年のソフトバンクGの決算説明会で、孫会長は、会場の参加者に対して次の質問をしました。

「Uberの株価が変動した場合、あるいはアリババの株価が変動した場合、ソフトバンクGの営業利益にどれだけの影響があるか、わかる方はいらっしゃいますか」

ちなみに、アリババもUberもともに、当時ソフトバンクGが直接もしくは間接的に投資をしていた会社です。さて、孫会長の質問に答えられますか？

アリババやUberといった世界的な企業もソフトバンクGの投資先なんですね。知りませんでした。この質問の答え、見当もつかないです……。

答えられないのは何も中村さんに限った話ではないんです。**ソフトバンクGの決算説明会場にいた100名を超える経済記者や専門家でさえも、この質問に回答できたのはなんと1人だけ。**ソフトバンクGウォッチャーですら、答えられたのは「わずか1%以下」というくらい、ソフトバンクGの決算は複雑なのです。

じゃあ答えられなくても仕方がないですね。

で、宮田さんは確か最初に持株会社の話から業績の秘密がわかるかもって言ってまし

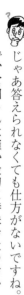

たよね？　そこに、決算書を読み解く糸口があるってことですか？

その通りです。ここで生じる会計上のカラクリ、**具体的にはアリババとUberに投資した成績を計上する方法の違いに、ソフトバンクGの儲けの仕組みがあります。**でも、焦らないでください。順を追って説明しますから。

まず、ソフトバンクGの投資パターンは大きく分けて３つあります。この３つをしっかり把握することで、ソフトバンクGの儲けの仕組みが見えてきますよ。

具体的にはどういったものですか？

次の３つですね。

【12】後述するが、ソフトバンクG本体が投資事業（持株会社投資事業）として投資を行う場合も、ソフトバンク・ビジョン・ファンドと同様の会計の仕組み（投資パターン）となる。しかしながら、ここでは代表例としてソフトバンク・ビジョン・ファンドのみを記載している。なお、持株会社投資事業とは「ソフトバンクGおよびその子会社による投資事業」のことをいう。

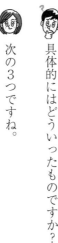

①連結子会社
②持分法適用会社
③ソフトバンク・ビジョン・ファンド[12]

第一に、連結子会社は、会社法では次のように定義されています。

「会社がその総株主の議決権の過半数を有する株式会社その他の当該会社がその経営を支配している法人として法務省令で定めるものをいう（会社法第2条第3号）」

ざっくり言えば、自らが株式を保有する会社を実質的に支配している状態です。

大学時代の友人が「子会社に出向になった」って言ってましたが、出向先の社名には親会社の名前が入ってました。実質、親会社が支配しているってことですね。

そういうことです。そして、**子会社は、親会社の決算書、つまり貸借対照表（B/S）と損益計算書（P/L）、キャッシュフロー計算書（C/S）も含めて連結されることになります**（図表2-1）。

たとえば、ソフトバンクKKが売上を計上した場合、親会社であるソフトバンクG

図表2-1　連結子会社の決算

①連結子会社

- ソフトバンクG（SBG）の持分が50%超もしくはSBGが実質的に支配している場合は、連結子会社となる。
- 連結子会社の売上高や資産は、SBGの連結財務諸表に加わることになる。

ストラクチャー

支配：強

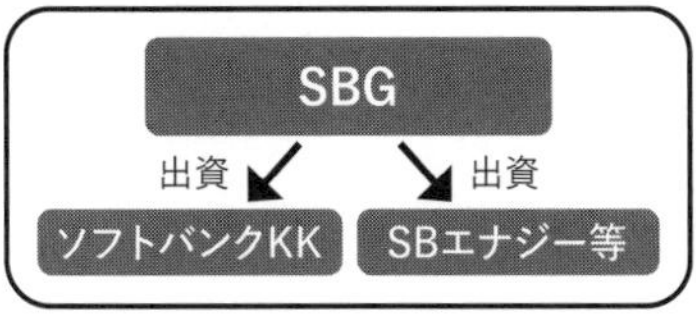

・◯を一つの事業体とみなす。
・売上高や費用は全体で計上。
・連結内での取引は企業内での取引とみなされるので、計上しない。

ソフトバンクG　連結B/S

SBGの資産 ソフトバンクKKの資産 SBエナジー等の資産	SBGの負債 ソフトバンクKKの負債 SBエナジー等の負債

ソフトバンクG　連結P/L

	計上の有無
売上高	○
投資損益	×
当期純利益	○

とソフトバンクKKの連結グループ間の取引は相殺[13]されたうえで、ソフトバンクGの連結P／LにソフトバンクKKの売上高が計上されます。

そうか、持株会社は株式を保有することが目的だから直接事業は行っていないですよね。でも、その代わりに子会社のP／LやB／Sが親会社のP／LやB／Sに反映されるってことですね。

まさしくその通りです。**簡単に言うと連結子会社になっている企業すべてのP／LとB／Sを合体させたものがソフトバンクGの連結P／Lと連結B／Sを構成する**ことになります。

もちろん連結グループ間の取引、たとえば、親会社が子会社に投資すると、親会社のB／Sには資産が増えて、子会社のB／Sには親会社から受けた投資は純資産に計上されますが、これらはソフトバンクGの連結B／Sでは相殺されます。

深くまでは理解できていませんが、イメージはなんとなくできます。

それで十分ですよ。**ともかく、ソフトバンクＧの収益が巨大な理由の一つは、連結子会社のＰ／Ｌを合計しているから、**ということがわかれば大丈夫です。

１４００社近くも子会社があるなら、利益が大きくなるのも納得ですね。

◆アリババへ投資したソフトバンクＧの「目利き力」

さっきは連結子会社について話しましたが、他方で連結していない投資先もあります。保有する議決権の比率が20～50％の場合、原則として連結子会社とはならずに、持分法適用会社となります。[14] これが２つ目です。ただし、**親会社にとって重要性が低い場合については持分法を適用しないこともできます。**

【13】ここで言う相殺とは取り消すという意味。たとえばソフトバンクＫＫが子会社に物を売って売上を計上したとする。これは子会社からすると仕入になる。だが、２社を連結で捉えると同じ会社内での売上と仕入になるため、この取引は相殺されることになる。

子会社が実質支配されていたら、親会社のＢ／ＳとＰ／Ｌに連結されるということでしたよね。でも、持分法適用会社は保有する株式の比率が20〜50％。ってことは、Ｂ／ＳやＰ／Ｌは連結されない？

そう、Ｂ／ＳとＰ／Ｌは連結されません。そうではなく、**株式の持分に応じた金額が投資会社の損益に反映されることになります。**

たとえば投資先の株式の20％を持っていて、投資先の当期純利益が１００億円だった場合、親会社には20億円の利益のみが計上されて、その他はＰ／ＬやＢ／Ｓには反映されないってことですか。

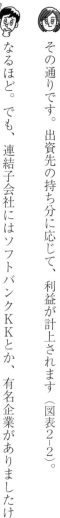

その通りです。出資先の持ち分に応じて、利益が計上されます（図表2−2）。

なるほど。でも、連結子会社にはソフトバンクＫＫとか、有名企業がありましたけ

図表2-2　持分法適用会社の決算

②持分法適用会社

- SBGの資産に「持分法で会計処理されている投資」として計上される。
- P/Lでは税引前利益の手前で、「持分法による投資損益」として計上される。

ストラクチャー

支配：中

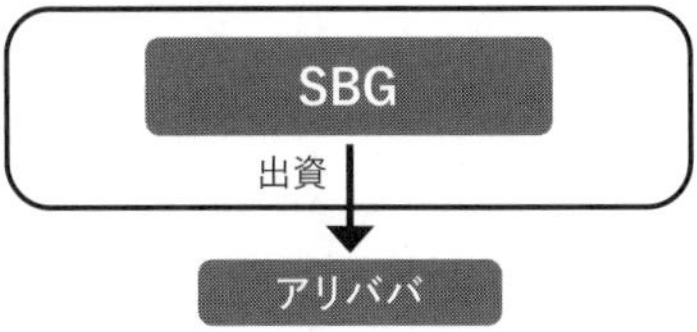

・アリババの売上高は（　）の売上高ではない。
・アリババの利益につき持分に応じて税引前利益の手前で持分法投資損益として計上される。

ソフトバンクG　連結B/S

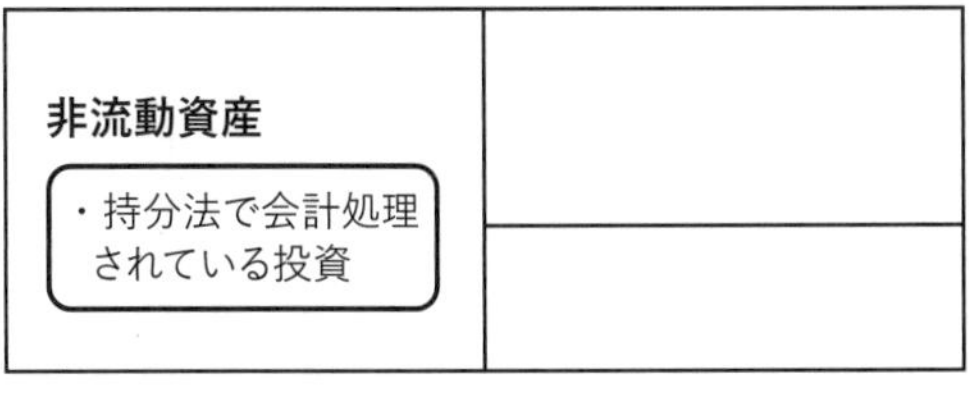

ソフトバンクG　連結P/L

	計上の有無
売上高	×
投資損益	×
当期純利益	○

ど、持分法適用会社って子会社とは異なる20％〜50％ぐらいの持ち分ですよね。
そんな有名な会社ってありましたっけ？

それが、孫会長の質問に出てきたアリババです。**世界の時価総額ランキングでトップ10に入る企業アリババの筆頭株主はソフトバンクGなんですよ。**

時価総額で言えば50兆円を超えています。時価総額の世界ランクでは、日本でトップのトヨタでさえも34位前後のため、アリババがいかに凄いかわかってもらえるかと思います（2021年9月時点）。

アリババって、中国版アマゾンみたいな感じですよね。時価総額もそんなに大きいんですね。しかも、アリババの筆頭株主がソフトバンクGなんですかっ！

はい。そしてアリババはソフトバンクGの持分法適用会社です。2021年3月期の決算では、ソフトバンクGにおけるアリババの持分は約25％で、アリババからの投資損益（持分投資損益）は、約5275億円でした。孫会長は初期のヤフーやアリババ

にも投資をして、その後、両社とも成長し、ソフトバンクGの収益にも大きく貢献しています。投資会社としての目利きがソフトバンクGにはあることがわかりますね。

◇ソフトバンク・ビジョン・ファンドをつくった本当の狙い

最後は3つ目、ソフトバンク・ビジョン・ファンド（以下ビジョン・ファンド）です。

最後ということはここでUberの計上の仕方が出てくる感じですかね。ニュースではビジョン・ファンドの名前は聞いたことがあるんですけど、正直なところ、何をしている会社なのかよくわかっていないですね。

【14】議決権比率が15％～20％未満の場合でも、代表取締役等の派遣や、重要な融資・技術提供、販売・仕入れ、その他の営業上または事業上の取引等を行っている場合は持分法適用会社となる。契約関係や人的関与により、投資対象会社の意思決定機関を握っているなど、実質的に支配関係が認められる場合には、議決権比率は50％未満であっても、連結の対象に含められる（実質支配基準）。

ビジョン・ファンドは、**上場手前のスタートアップ企業などに投資するベンチャーキャピタルです。**主な投資先は、孫会長の質問にあったように、ライドシェアのUberやGrab、シェアオフィス事業を展開するWeWork、ホテル事業を手掛けるインド発のOYOなどがあります。2020年に売却をしてしまいましたけど、ビジネス向けチャットツールのSlackにも投資をしていました。

有名どころばかり投資していますね！　ソフトバンクGって、Yahoo、LINE、ZOZOといった国内の有名企業だけでなく、世界的にも有名なUberやWeWorkにも投資をしているのは知らなかったです。

他にも「韓国のアマゾン」と言われるCoupang（クーパン）[15]。2021年3月にニューヨーク証券取引所に上場した際には時価総額が9兆円を超え、韓国国内ではサムスンに次ぐ規模に成長した企業にも投資していますね。

そういえば、先日上場して、日本にも上陸をしているDoorDash（ドアダッシュ）というフードデリバリーサービスにもビジョン・ファンドは投資をしていますよ。

え、でもソフトバンクGでは既に本体自ら投資してるんですよね？**わざわざビジョン・ファンドをつくる意味なんてあったんですか？**

いい質問をありがとうございます。これも、順を追って説明していきましょう。まず、ビジョン・ファンドはその名の通り、「ファンド」です。ファンドとは、一般的に投資家からお金を集め、ファンドの運営者がいろんな株式、不動産、債券などの金融商品に投資する仕組みを指します。

そういえば、ドラマでもハゲタカファンドとかありましたね。

それは企業買収専門のファンドですね。**ビジョン・ファンドは、成長著しいスタートアップ企業やユニコーン企業への投資を専門にしています。**

【15】2021年9月にビジョン・ファンドはクーパンの株式を一部売却した。しかし、ソフトバンクGは筆頭株主のままである。

どのぐらいお金を集めているんですか。

ビジョン・ファンドは、1号ファンドと2号ファンドがありますが、**合計で約1300億ドル、日本円で13兆円以上ですね。**

そんなに！

ファンドをつくる意味はここにあります。つまり、**外部の投資家の資金を活用できるということです。ただし、注意が必要です。**

ソフトバンクGは、投資家からお金を集めるだけでなく、自らも資金を拠出しています。1号ファンドでは、総額986億ドルのうち、331億ドルを自己資金で、2号ファンドでは、300億ドル全額を自己資金で出資をしています。

投資家からうまく資金を集められなかった理由がありますが……、結果としてはそのことがうまくいっているんですよね。この説明は、最後にしましょう。

◇「投資先の時価総額」が決算書を左右する

ここまでの話を整理しながら、そろそろ孫会長の質問に対する答えを見ていきましょう。ビジョン・ファンドは、投資家からお金を集めて、世界中のスタートアップ企業に投資をしています。

そして、投資先には、Uber、Grab、WeWork、クーパン、ドアダッシュといった有名企業や将来有望なスタートアップ企業が多い。

そのうえで、ビジョン・ファンドの利益の計上の仕方を見てみましょう。連結子会社は、P／LとB／Sが親会社に連結するんでしたよね？

はい。そして、「持分法適用会社は持ち分に応じて、利益のみ計上」でした。

そう。でも、ビジョン・ファンドはこれらとは異なります。ビジョン・ファンドの場合、**投資先の公正価値の変化した差額が、「投資損益」という形で利益計上されます。**公正価値とは、ざっくり言うと投資先の企業の価値（時価総額）のことです。

たとえば、**ビジョン・ファンドの投資先の価値が、１００億円から１５０億円に増えたら、差額の50億円が利益になり、反対に１００億円から50億円に下がったら50億円の損失を計上する**とか？

その通りです。株式と同じですね。株に投資をすると、毎日の値動きに応じて、利益が出る日もあれば損失を計上する日もありますよね。ビジョン・ファンドも同じく、決算の度に投資先の時価を計算して、前回の時価からの変化額をソフトバンクＧのＰ／Ｌに計上をします（図表２−３）。

なお、ソフトバンクＧ本体が投資事業として、投資を行う場合は、ビジョン・ファンドと同様に投資損益として利益を計上することになります。

図表2-3　ソフトバンク・ビジョン・ファンドの決算

③ソフトバンク・ビジョン・ファンド（SVF）

- SVFが上場株や未上場株に投資を実施し、ソフトバンクGの資産に「金融資産の時価と簿価の差額を損益に反映させる（FVTPL）会計処理がなされたSVF1およびSVF2からの投資」として計上される。
- P/Lでは「投資損益」として計上される。投資損益は投資先の公正価値（時価）によって計上される
- ソフトバンクG本体が持株会社投資事業として投資する場合も同様に投資損益としてP/Lに計上される

ストラクチャー

支配：
小〜中

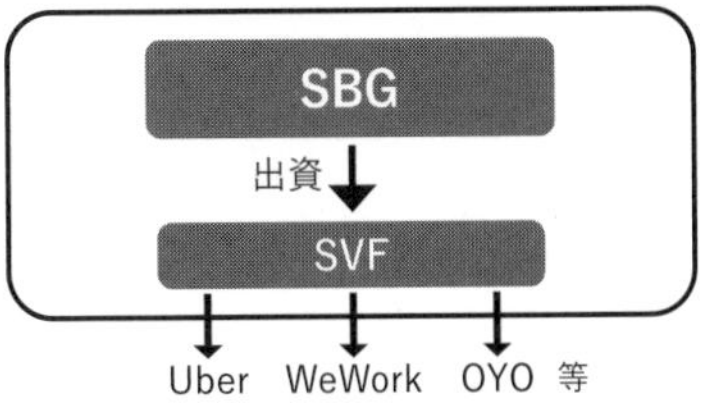

ソフトバンクG　連結B/S

非流動資産	非流動性負債
・FVTPLで会計処理されているSVF1およびSVF2からの投資	・SVF1における外部投資家持ち分

ソフトバンクG　連結P/L

	計上の有無
売上高	×
投資損益	○
当期純利益	○

図2-3を見るとビジョン・ファンドやソフトバンクG本体の投資事業のみ、企業の価値の時価を損益に計上して、その他は簿価[16]をもとに計上するんですね。

あれ？　てことは、ソフトバンクGが行う**投資スタイルの違いによって、利益とかの計上の仕方って変わってきません？**

その点がポイントです。ここまでくれば最初の孫会長の質問の真意がわかってくるんじゃないですか？

えーっと、**アリババは、**持分法適用会社だから、持ち分に応じて利益の一部がソフトバンクGに計上されますよね。だから**株価が変動しても、利益には影響を与えない。**

他方で**Uberは、**ビジョン・ファンドの出資先だから**株価が変わることで、時価も変わりそれに応じて利益が変動する、**ってことでしょうか。

完璧です！　まとめると図表2-4のようになります。ソフトバンクGの投資先でも、

図表2-4　SBGの3つの儲けのしくみ

			何を？	どこに？(P/L)		
収益源		投資先企業	金額の根拠	売上高	投資損益	当期純利益
①連結子会社		ソフトバンクKK Zホールディングス等	簿価	○	×	○
②投資事業等	持株会社投資事業	アリババ、Tモバイル、WeWork Inc	時価	×	○	○
	SVF	Uber、Grab、WeWork等				
	その他	投資の未実現評価損益や投資に係るデリバティブ関連損益等				
③持分法適用会社		アリババ等	出資先の業績が持ち分に応じて計上	×	×	○

どのように投資をしているかで、ソフトバンクGの利益の計上の仕方は変わってくるというのがポイントですね。

◇本当に、ソフトバンクGの未来は安泰なのか？

ここまでの話、よくわかりました。わかったらさらに気になるのは、どの投資がソフトバンクGの5兆円の当期純利益に大きく寄与しているかということです。

セグメント別の利益の内訳を見てみましょう（図表2-5）。合計約5・7兆円のうち、ビジョン・ファンドのセグメント利益は約4兆円です。

利益の71％がビジョン・ファンドってことですか？

そうです。ビジョン・ファンドと通信のソフトバンクの事業だけで利益の86％を占めています。ビジョン・ファンドの利益をもう少し詳しく見てみましょうか。

図表2-5　セグメント別利益の内訳

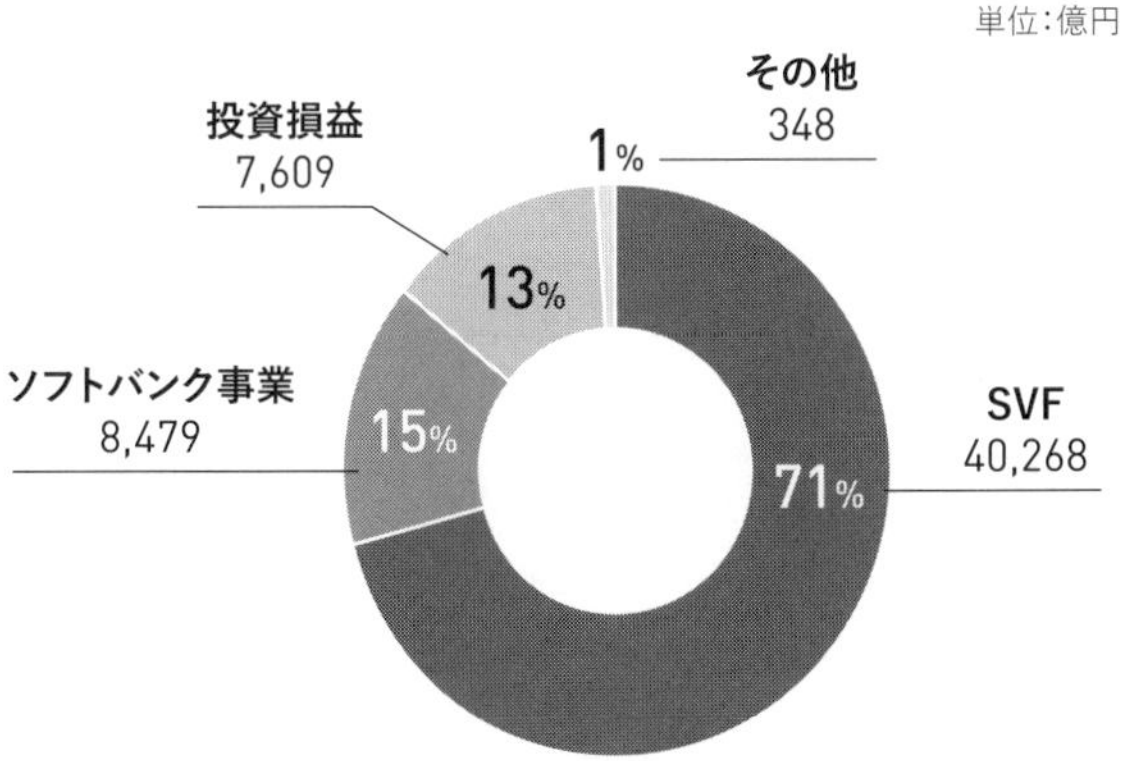

図表2-6　SVFセグメント利益内訳

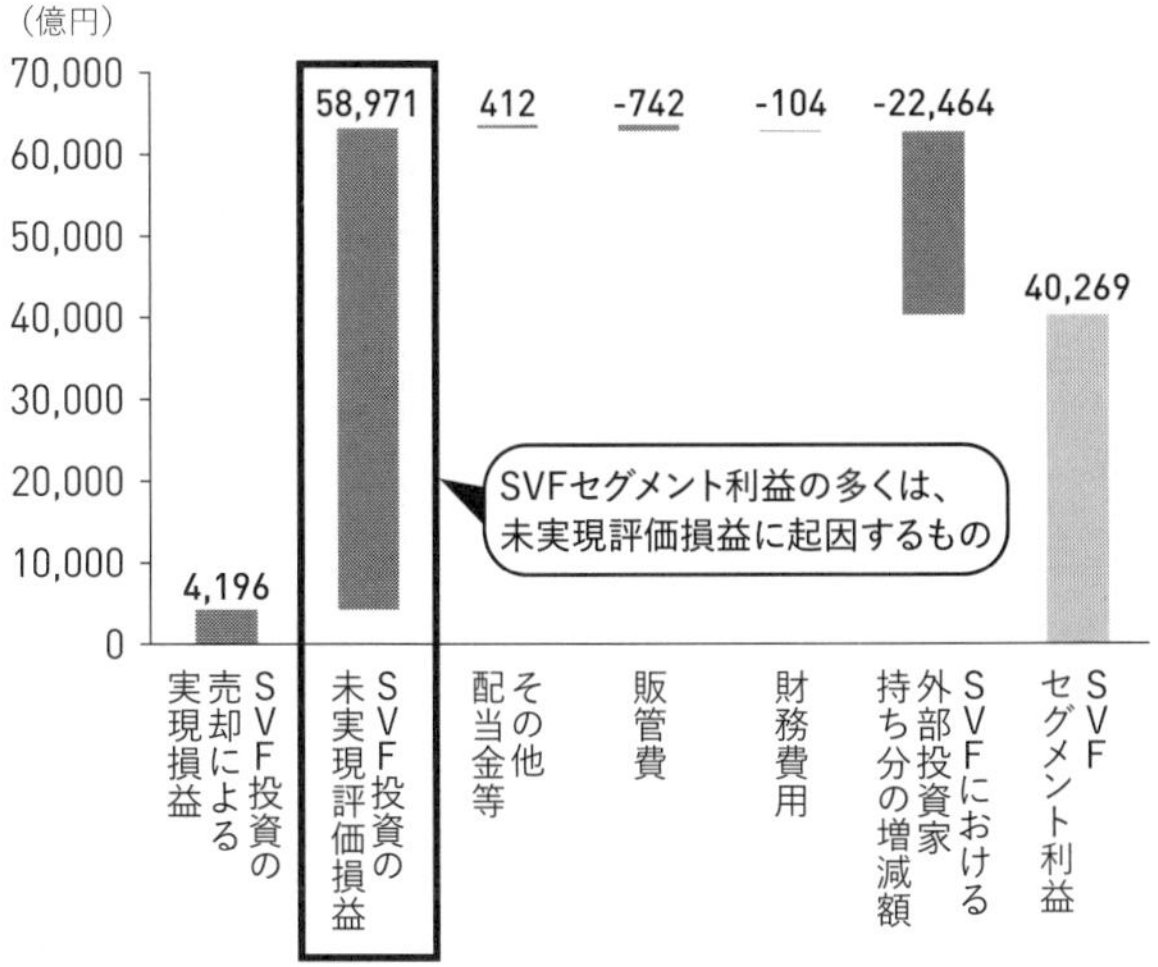

ビジョン・ファンドの利益約4兆円の内訳は図表2-6の通り。ビジョン・ファンド投資の投資先の株式売却による実現損益が4196億円、そして、ビジョン・ファンドの未実現評価損益が約5・9兆円ですよね。そこからファンドにかかる費用と、外部投資家の持ち分を控除すると、ビジョン・ファンドだけでのセグメント利益は約4兆円になります。

ビジョン・ファンドの投資の売却による実現損益が4196億円で、未実現評価損益が5・9兆円⁇　これってどういうことですか？

株式でたとえると、実現損益というのは、株式を売却して利益を確定した状況です。一方で、未実現評価損益というのは、株式を保有したままで、まだ利益の確定をしていない状況です。

ということは、ソフトバンクGは5・9兆円も含み益を抱えていて、今回の日本企業過去最高の利益の多くは含み益ってことですか？

そうなんです。ちなみに過去最高益を２０２１年３月期に叩き出したソフトバンクＧですが、その前年の20年３月期の当期純利益（損失）は９６１６億円の赤字です。このようなこともあり２号ファンドはお金が集まらず、自ら出資することになったんです。一度コケた映画監督の次回作に出資者が集まらないのと同じですね。

こんなジェットコースターみたいな利益の出し方ってある？　……そうか！**コロナ禍が注目された時期は、世界的に株安になった。その煽りをビジョン・ファンドの投資先も軒並み受けて大幅に下落したのか！**

そうです。その結果、ソフトバンクＧは1兆円近い損失を計上することになりました。でも、この1年で株価は回復どころか、コロナ禍前の水準を超えてきた。アメリカの株価指数のＳ＆Ｐ５００などは過去最高値を更新したほどです。

【16】簿価とは帳簿価額の略であり、会計上で記録された資産や負債の評価額のこと。これに対して、マーケットで評価された金額を時価と言う。

だから今回ソフトバンクGは5兆円もの利益を計上できたのですね。でも、株式を売却していないから未実現評価損益ってことですね。

時価総額が下がって、一気にパーになるとしたら……こわっ！

よくわかってきましたね。ここでビジョン・ファンドの仕組みに、話を戻しましょう。ファンドという仕組みは外部の投資家からお金を集めて投資をして、その結果としてリターンを得るというものでしたよね。

そうでしたね。この話、すっかり忘れていました。

資金の源泉は、あくまで外部の投資家のもの。

ファンド運営者は集めたお金で儲かったリターンの一部を報酬としてもらうだけですから、ファンドで儲かった利益の多くは、投資家に帰属することになります。

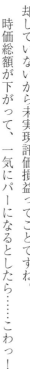

元は投資家のお金ですもんね。

だから、ファンドの投資先の時価が上がっても下がっても、普通はファンド運営者の親会社のＰ／Ｌには計上されないんです。

普通は？

そう、「普通」は。**ソフトバンクGの場合、ファンドの資金の拠出の多くはソフトバンクGです。だから、ビジョン・ファンドの利益がソフトバンクGに連結されることになっています。**通常のファンドビジネスではあまりないパターンですね。

これが、「投資家からうまく集められなかったけど、結果としてうまくいっている」の答えです。

確かに外部から預かった資金が自社の決算書に反映されるというのはよくわかりませんが、ソフトバンクGの場合、半分近く自ら出資をしているので、連結というのも納得ではありますね。

もちろん、外部投資家の持ち分はソフトバンクGの利益にはなりません。もう一度ビジョン・ファンドのセグメント利益を見ると、「ビジョン・ファンドにおける外部投資家持ち分の増減額」がマイナス2・2兆円とありますよね。これは、実現損益と評価損益で合計6・3兆円あり、その他諸経費を引いたとして、残った利益のうち、外部投資家に帰属する分を控除しているという意味です。

外部投資家の持ち分については、ソフトバンクGの利益からは差し引くってことですね。それでもビジョン・ファンドのセグメント利益が4兆円残るって凄いですね。

わかってもらえて、なによりです。

今日の話を聞くまで、世界のスタートアップ企業は遠い存在のような感じでした。でも、ソフトバンクGがたくさん投資をしていたり、そういった投資から利益を得ていることを考えると、なんだか身近に感じてきます。

そうですね。休憩がてらUber EatsでランチをPayPayで決済して、ソフトバンクGの投資先のサービスを体験しましょうか。

第2章の学びポイント

- 持株会社は、他の会社を支配する目的で株式を保有する会社のこと
- 連結子会社の決算は、親会社の決算書、つまり貸借対照表（B／S）と損益計算書（P／L）、キャッシュフロー計算書（C／S）も含めて連結される
- 持分法適用会社が利益（または損失）を計上すると、投資会社側は「関連会社の当期純利益（または当期純損失）×持ち株比率」分だけ損益を計上する
- ファンド運営者は、投資家から集めたお金を運用することで得たリターンの一部をもらう。ビジョン・ファンドは多くの資金を拠出しているため、例外的に親会社であるソフトバンクGに連結されている

第3章

3兆円で買収された3000億円赤字企業「Slack」のポテンシャル

中村さんが所属する会社では、在宅ワークの機運が高まっている。

中村さんの友人が勤めている企業は、とっくにリモートワークに対応しているという。部内ではSlackを使ってコミュニケーションをするようになり、以前よりもスムーズに意思疎通が取れているらしい。通勤していた頃よりも快適だそうだ。

「早くリモートワークしたい……」と不満気な中村さんは、ふと「あれ？　Slackって、ボロ儲けなんじゃないか？」と思った。

何の気なしに調べてみると、意外や意外。大赤字だ。

だけど、赤字のSlackをセールスフォースは約3兆円（277億ドル〈2020年11月30日時点〉）で買収した。

一体、どこにそんなポテンシャルが⁉　困った時は宮田さんに聞こう。

◇Slackを3兆円で買収したセールスフォースとは

この前は、ソフトバンクGについて色々と教えて頂きありがとうございました。

そのお礼といってはなんですが、お茶でも……と思ったのですが、返信が結構遅かったですね。忙しいんですか？

ごめんなさい！　最近仕事でもプライベートでもほとんどチャットツールでやり取りをするから、メールを見る機会が減っていまして。たまに来るメールも広告系のメールが多いと、見逃してしまうんですよ。

私の会社は、まだSlackやTeamsとかのチャットツールは使えなくて、メールが主流なんですよ。チャットツールってそんなに普及してるんですか？

スタートアップ企業ではSlackを使うケースがかなり多いですね。大企業の多くではOffice365を使っている関係で、Teamsを導入しているみたいです。日本企業生まれのチャットツールであるChatworkを使う企業もありますね。いずれもやり取りがすぐできて、チャンネルごとに議論を分けられるから便利ですね。

メールで十分な気もするんですけど、そんなに違うんですね〜。

「大変お世話になっております」とか不要ですしね。そういえば、Slackって、２０２０年の11月に約３兆円で買収されたんですよ。知っていましたか？

そう、それを聞きたかったんです！　３兆円ってヤバいですよね？

しかもSlackは２０１３年設立ですから、設立から10年経っていないです。**過去の大型買収では、マイクロソフトによるSkypeの買収（85億ドル）やLinkedInの買収（262億ドル）、そしてフェイスブックによるWhats Appの買収（190億ドル）がありましたが、Slackの買収金額はこれらを超えていますね。**

どんな会社がSlackを買収したんですか？　確かソフトバンクＧのビジョン・ファンドも、以前はSlackに投資をしていたって、宮田さん言ってましたよね。

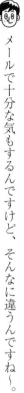

よく覚えてましたね。実はビジョン・ファンドは、すでにSlackの株を売却済みですが。Slackを買収したのは、セールスフォースっていう世界的に有名な企業です。

あ、営業部の同期がセールスフォースを使ってるとかなんとか言っていましたね。そんなに有名なんですか？

ＳａａＳっていうビジネスモデルがあります。「Software as a Service」の略です。

あぁ、それなら知っています。システムなどを定額課金で使えるようなサービスですよね。以前はマイクロソフトのofficeは数万円を払って買い切りって感じでしたが、今だと月額１０００円ちょいで使えるんですよね。マイクロソフトもＳａａＳにシフトして、業績が良くなったって、なんかのニュースで読みました。

そのＳａａＳですね。ＳａａＳを展開している企業って結構あって、Adobe、Dropbox、Evernote、Spotify、Netflix、Zoom……とか、馴染みのあるサービスもそ

れなりに多いです。
そんな中でセールスフォースは、ＳａａＳの王者と呼ばれるほどで、昔からＳａａＳのビジネスを展開している代表的な企業です。セールスフォースの時価総額は、Slack買収発表時前後で23兆円を超えていて、同水準の企業では、Netflix、インテル、ファイザー、オラクルなどがあります。

ちなみに、日本でセールスフォースの時価総額を超えているのはトヨタだけです。

セールスフォースを使ってないので、あまり馴染みがないのですが、どういったビジネスをしている会社なんですか？

クラウドで顧客管理（ＣＲＭ＝Customer Relationship Management）ツールや営業支援ツールなどのプラットフォームを提供する企業です。ＢtoＢだからでしょうか、一般消費者にはあまり馴染みがないかもしれないです。
でも、顧客管理をするような営業の部署ではセールスフォースを導入してる会社は多いですよ。私が働いていた過去の会社や投資先でも使っていました。日本で同種の

図表3-1　Slackの売上高・純利益（純損失）推移

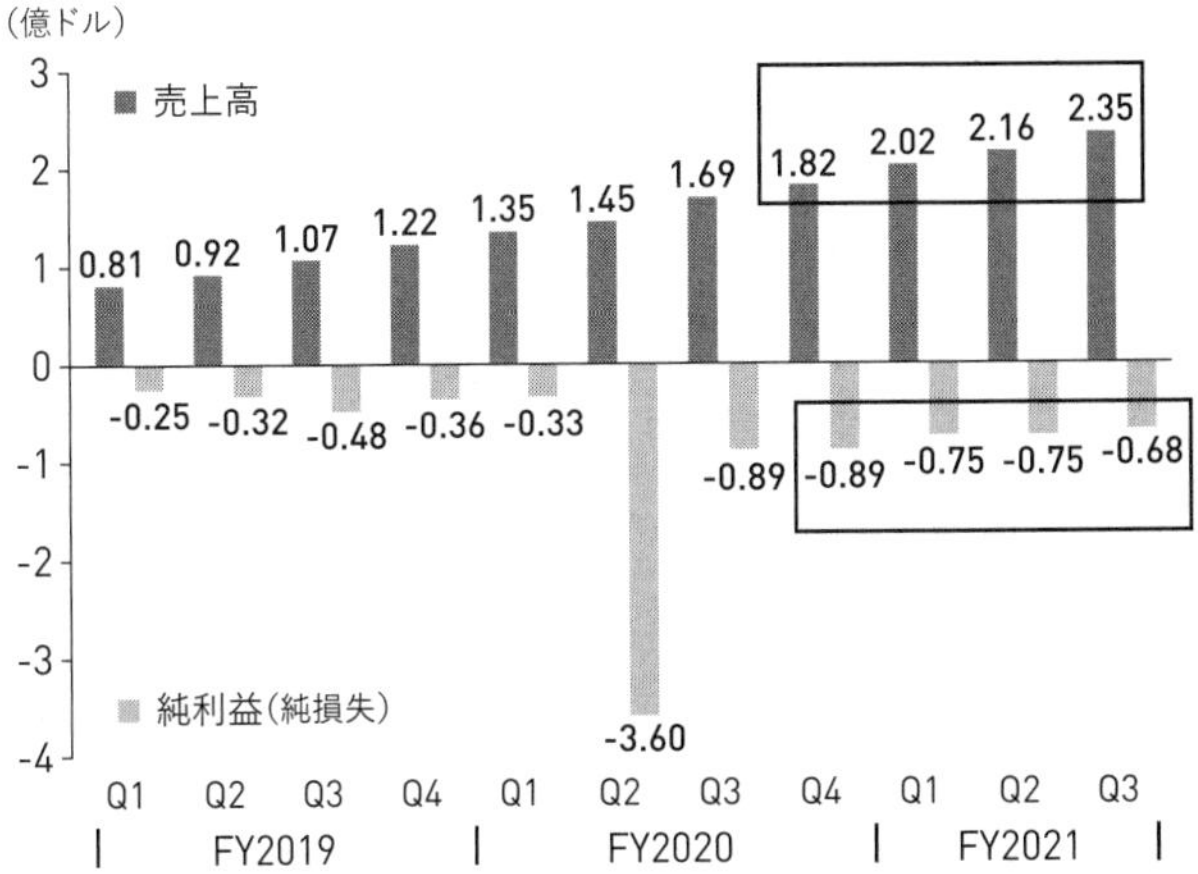

サービスを提供している会社では、サイボウズとかが有名ですよ。

そういえば、同僚がよくＣＲＭとか言っていました。「何それ？」とか思ってましたけど。このセールスフォースが３兆円で買収するぐらいなんですから、Slackは儲かってるんだろうなと思ったんですが、赤字で意外や意外でした。リモートワークで使用するユーザーも増えてると思うんですけどね。

そう、大赤字です（図表３－１）。買収された時点での直近１年は３・１億ドルの赤字。その直近１年の売上高は

8・4億ドル（約857億円）ほどでした。

ちなみに、FYとは、Fiscal Yearの略で決算期を意味します。

FY2021Q3なら、2021年1月期第3四半期、つまり2020年8月～10月の四半期決算のことです。セールスフォースは1月決算ですから、FY2021とは2021年1月期を指します。

海外の企業などでは、決算期とは別に直近12カ月の売上高や利益をLTM（Last Twelve Months）として計算するので、セールスフォースの直近1年の成績は、FY2020Q4～FY2021Q3の合計の値で求められます。

ちょっと意味がわからないんですけど、**3兆円で、300億円以上の赤字企業を買ったってことですよね？**　なんで、そんな破格な金額で買収したんですか？　色々、理解できないんですけど。

よし、それじゃあ今日はそのあたりについて、ちょっと考えてみましょうか。

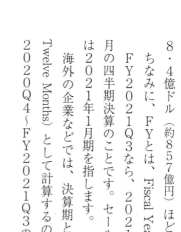

◇買収価格３兆円は「高い？　安い？」

そもそもだけど、３兆円の買収価格って高いと思いますか？

めちゃくちゃ高いですよ！　なぜこんな意思決定をしたのか理解できません。

ふーむ、まあそうですよね。
では、何をもって３兆円って高いって考えていますか？

え、何って……。まぁ、３兆円という金額ですよね。ソフトバンクＧが日本企業で過去最高の当期純利益約５兆円を出す前の最高記録ってトヨタの２兆円超えとかですよね？　売上高が８６７億円しかない企業を、トヨタの１年分の利益以上で買収するなんて、どう考えてもおかしいです。

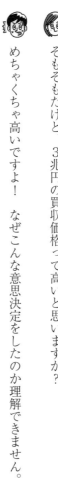

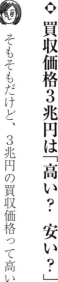

3兆円っていう「絶対額」だけ見るとそうですが、3兆円が高いかどうかを「相対的」に考えるのが重要ですね。

え～、高いですよ。いや、どうだろ……。まず聞きましょう。話はそれからだ。

企業の買収価格が高いかどうかを見るには、まずは2つの視点で考えます。**一つは、企業の純資産との比較です。**前にメルカリの話をした時に時価総額の話をしましたよね。時価総額は決算書には出てこないって話も覚えてますか？

もちろん、覚えてますよ！　だから簿記や経理を勉強した人でも時価総額にはあまり馴染みがなかったんだって納得しました。

その通りです。でも、**時価総額は決算書のどこかの部分を時価として評価したものです。どの部分かわかりますか？**

図表3-2　「時価総額」とは純資産の時価

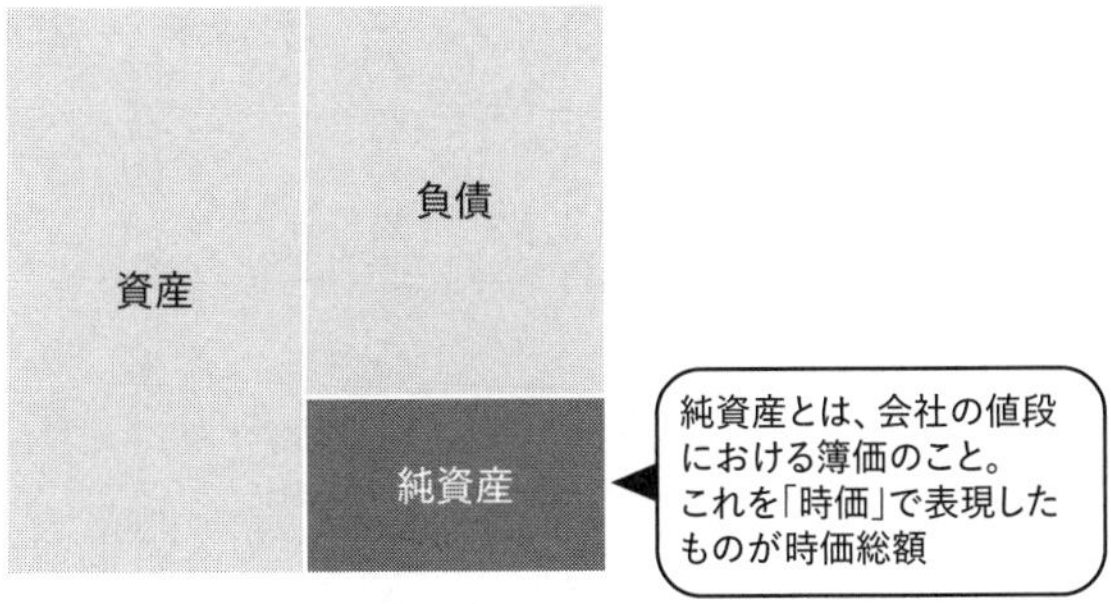
資産
負債
純資産
純資産とは、会社の値段における簿価のこと。これを「時価」で表現したものが時価総額

えーっと……、まったくわからないです。

純資産です。つまり、次のような整理ができます（図表３－２）。

- 純資産の簿価＝「過去」における企業活動の蓄積→会計上の評価
- 純資産の時価＝「未来」を見据えたマーケットからの評価→ファイナンス上の評価。

じゃあ、Slackの純資産っていくらなんですか？

８・５億ドルです。一方で、セールスフォースが買収する金額は２７７億ドル。

まってまって。２７７÷８・５で、約33。つまり、セールスフォースは純資産の簿価33倍の金額で、Slackを買収しようとしているということですか？

流石《さすが》にバクチが過ぎやしませんか？

お、よく計算できましたね。**今のがPrice Book-value Ratio（PBR）といって、時価総額と純資産を比較したものですよ。**時価総額が純資産の何倍かを見る指標です。数式で表現するとこのようになります。

PBR＝時価総額÷純資産　もしくは
株価÷一株当たり純資産

PBR、知ってたんですか？

いや、知りませんでしたが、B／Sの純資産を時価で表現したものが時価総額なので、比較するとそういうことかな、と。

センスありますね！　そう、**純資産の時価と簿価を比較するＰＢＲを見ることで、簿価よりどれだけ高く企業を評価したのかがわかる**のです。これが一つ目の比較。ＰＢＲが1倍とは「純資産＝時価総額」の状態のことです。

つまり、ＰＢＲが1倍以上なら、理論上は、総資産をすべて売却したうえで、負債を全部返済したとしても、純資産に相当する分以上が株主のものになるということになります。

ちょっとわからなくなってきました。総資産をすべて売却したうえで負債を返済しても、株主に利益が残るってどういう意味ですか。

整理してみましょうか。図表3-3をご覧ください。ＰＢＲが1というのは、純資産の簿価と時価が同じ状態。次に、ＰＢＲが1を超えているのは、会計上の純資産よりも時価が大きい状態です。なので、株主からしたら含み益を持っている状態に近いです。これが資産をすべて売却したうえで負債を返済しても、純資産に相当する分以上

が株主のものになるという意味です。

なるほど、ＰＢＲって純資産の時価と簿価を比較するんですね。Slackで言うとＰＢＲ33倍ってことですよね。これって、簿価が1億円のものを33億円で買うようなもので、セールスフォースがSlackをめちゃくちゃ評価したということですよね？

ですね。でも、Slackは元々上場していて、**セールスフォースに買収される前のＰＢＲは約20倍だったことから、以前から株式市場では評価されていたと言えます。**

とはいえ、セールスフォースは株式市場の評価額より60％も高い金額でSlackを買収しました。**市場価格よりも高い値付け部分を「プレミアム」と言います。**

案件にもよりますが、通常、買収によるプレミアムは30～40％ほどと言われていますから、これらと比べると、60％のプレミアムを上乗せするセールスフォースの提案は、まさに「破格」だと言えますね。

メルカリでもレアな本やＤＶＤとかが、たまに当初販売価格よりもプレミアムが付い

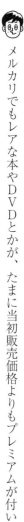

図表3-3　PBRが持つ3つの意味

PBR=1

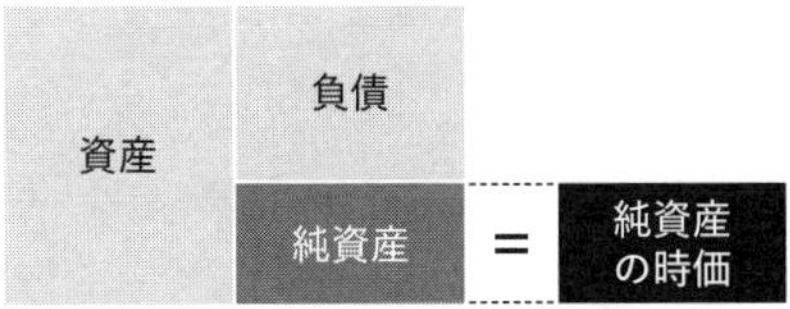

- PBR=1の場合は、会計上の純資産の簿価と純資産の時価が同じ状態。

PBR>1

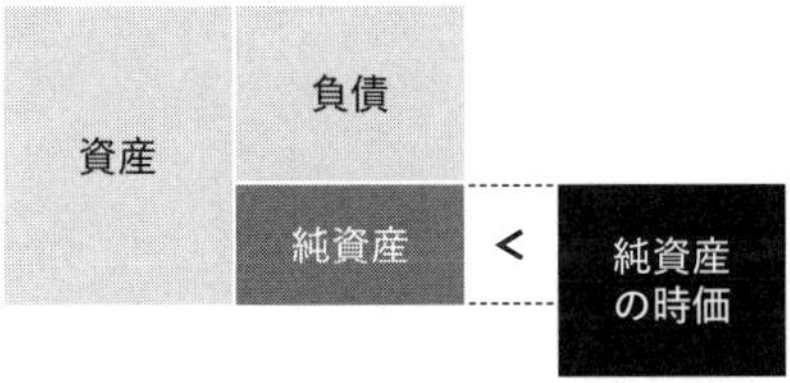

- PBR>1の場合は、会計上の純資産の簿価より純資産の時価が大きい状態。株主にとっては会計上の純資産の簿価よりも多くの価値を持っている状況。

PBR<1

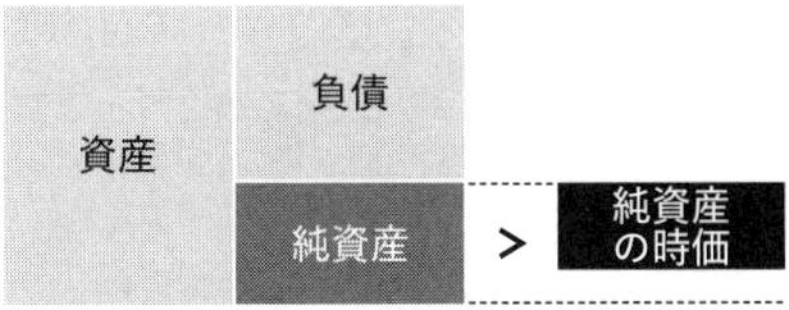

- PBR<1の場合は、会計上の純資産の簿価の方が純資産の時価よりも大きい状態。株主にとっては会計上の純資産の簿価よりも小さい価値しか持っていない状況。

て高く売られていますが、純資産の簿価に対して、33倍って**いかに高い金額でセールスフォースがSlackを買収しようとしているかがわかりますね。**

そういえば先程「企業の買収価格が高いかどうかを見るには、まずは2つ考えるんだ」とか言ってましたけど、もう一つは何ですか？

もう一つは**Price Earnings Ratio（PER）といって、時価総額と当期純利益を比べるもの**です。つまり、時価総額が当期純利益の何倍あるかを示すものになります。

PER＝時価総額÷当期純利益　もしくは

株価÷一株当たり当期純利益

PERによって、現在もしくは予想の当期純利益の何年分、評価されているかがわかります。[17] たとえば、PER20倍なら、現在もしくは予想の当期純利益の20年分評価されています。

同時に、現在の株価が企業の利益水準に対して、割高か割安かどうかがわかります。利益成長の高い会社ほど、将来の収益拡大の期待が高く、それが株価に織り込まれるため、ＰＥＲは高くなる、つまり割高になる傾向があります。

ＰＢＲはＢ／Ｓの純資産との比較でしたが、ＰＥＲはＰ／Ｌの当期純利益との比較なんですね。

あれ、でも、おかしくないですか？　Slackってまだ赤字ですよね。それだとＰＥＲはマイナスになるし、お買い得なんてレベルじゃないですよね？　適切に比較できないんじゃ？

◇ＰＳＲ33倍は、利益数百年分を意味する？

そこなんですよね！　赤字企業ではＰＥＲは使えないんです。

【17】ＰＥＲには、確定した利益を用いる実績ＰＥＲと、企業が発表する将来の予想の利益を用いる予想ＰＥＲがある。

そこで代わりに、時価総額が売上高の何倍かを見る「ＰＳＲ（Price Sales Ratio：株価売上高倍率）」という指標を使います。

ＰＳＲ＝時価総額÷売上高　もしくは　株価÷一株当たり売上高

このＰＳＲはどのような企業にも使われるわけではなく、主にＳａａＳのような成長著しい企業を分析する際に使われる指標です。これによって、赤字でも売上高の何倍で企業が評価されているかがわかります。これまでの話をまとめると図表３－４になります。

セールスフォースの買収額は２７７億ドル。これに対してSlackの直近１年の売上高は８・34億ドルだから、ＰＳＲは33倍です。

33倍という数字は果たして高いのか低いのか……、アメリカにおけるＳａａＳ企業の平均的なＰＳＲはだいたいどのくらいなのでしょうか？

図表3-4　「PBR」「PER」「PSR」早見表

名称	計算式	どんな指標か
PBR Price Book-value Ratio	時価総額÷純資産 or 株価÷一株あたり純資産	時価総額が純資産の何倍かを見る指標
PER Price Earnings Ratio	時価総額÷当期純利益 or 株価÷一株あたり当期純利益	時価総額が当期純利益の何倍かを見る指標
PSR Price Sales Ratio	時価総額÷売上高 or 株価÷一株あたり売上高	時価総額が売上高の何倍かを見る指標

名称	意味するところ
PBR Price Book-value Ratio	時価総額と会計上の純資産の簿価を比較することで、企業の評価が高いか低いかを見るもの。PBRが1ならば時価総額と会計上の評価と一致している状態。
PER Price Earnings Ratio	時価総額が当期純利益の何倍かを見るもの。 ただし、赤字の場合は、計算ができない。
PSR Price Sales Ratio	何年分の売上高を時価総額として評価しているのかをみるもの。 成長著しいテクノロジー系のSaaS企業等で用いられる。 PERとちがって赤字でも計算することができる。

「米国企業を中心とした株式投資に役立つ情報マガジン」[18]では、アメリカのＳａａＳ企業94社のＰＳＲを計算しています。これらの中から90社のＰＳＲの中央値、平均値、２０２０年10月19日時点のSlackのＰＳＲ、そしてセールスフォースによる買収価格のＰＳＲをそれぞれ比較すると、次のようになりますね。

- ＳａａＳ90社の中央値：16倍
- ＳａａＳ90社の平均値：19倍
- 10月19日時点のSlackの時価総額：21倍
- セールスフォースによる買収額：33倍

Slackの10月19日時点の時価総額は売上高の21年分で、他のＳａａＳ企業のＰＳＲよりもかなり大きいですね。セールスフォースによるSlackの買収価格がそれよりも大きい33倍ということで高いのはわかったけど、ＰＳＲ33倍のスゴさがまだあまりピンときてないんですよね……。

ちょっと例題を出してみましょう。

仮に、利益率を10％（＝売上高の10分の1が当期純利益）と仮定すると、売上高は利益の10倍なんで、「ＰＳＲ 16倍」というのは「ＰＥＲ 160倍」を意味しますよね。

つまりこの場合、時価総額は１６０年分の利益に相当することになります。

Ｓ＆Ｐ５００の企業のＰＥＲは20倍程度ですから、これらと比べると、ＳａａＳ企業、その中でも特にSlackが株式市場やセールスフォースからいかに高く評価されているかがイメージできるんじゃないでしょうか。ＰＳＲが16倍（中央値）だけでもこうですから、セールスフォースの買収価額で計算した「ＰＳＲ 33倍」がいかに高い評価かは、言うまでもないですよね。利益率が10％ならＰＥＲ３３０倍ですから。

果てしない……。セールスフォースはSlackの純資産に対しても売上高に対しても、

【18】米国ＳａａＳ企業94社のバリュエーション。（米国企業を中心とした株式投資に役立つ情報マガジン）
https://note.com/tradetool/n/n85bc8086f0b2

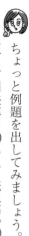

相当高い評価をしていることが、嫌というほどよくわかりましたよ。

でも、一番気になるのは「なんでこんなにも評価が高いのか？」なんですよね。

ここでSlackの２０２１年１月期の第３四半期のＰ／Ｌを滝グラフを使って見てみましょう（図表3-5）。これを見て、何か気がつきましたか？

うん、やっぱりSlackは赤字ってことです（笑）——あ……でも、待ってください。これ、よく見ると売上高の半分ぐらいがセールス及びマーケティング費用ですね。さらに研究開発費が０・96億ドルもある。これらが仮になかったら、２・34億の売上高に対して、原価０・33億ドルと一般管理費０・52億ドルを引いて、約１・５億ドルの利益ですね。しかもこれは四半期だから、年で見ると単純計算で６億ドル……。

つまり６００億円以上の利益が潜在的に見込めるということですか？

そう、Slackはいつでも事業として黒字にできる状態なのです。それでも、研究開発費と広告宣伝費にお金を使うことで、さらに成長しようとしています。メルカリの時

図表3-5　SlackのP/L（2021年1月期の第3四半期）

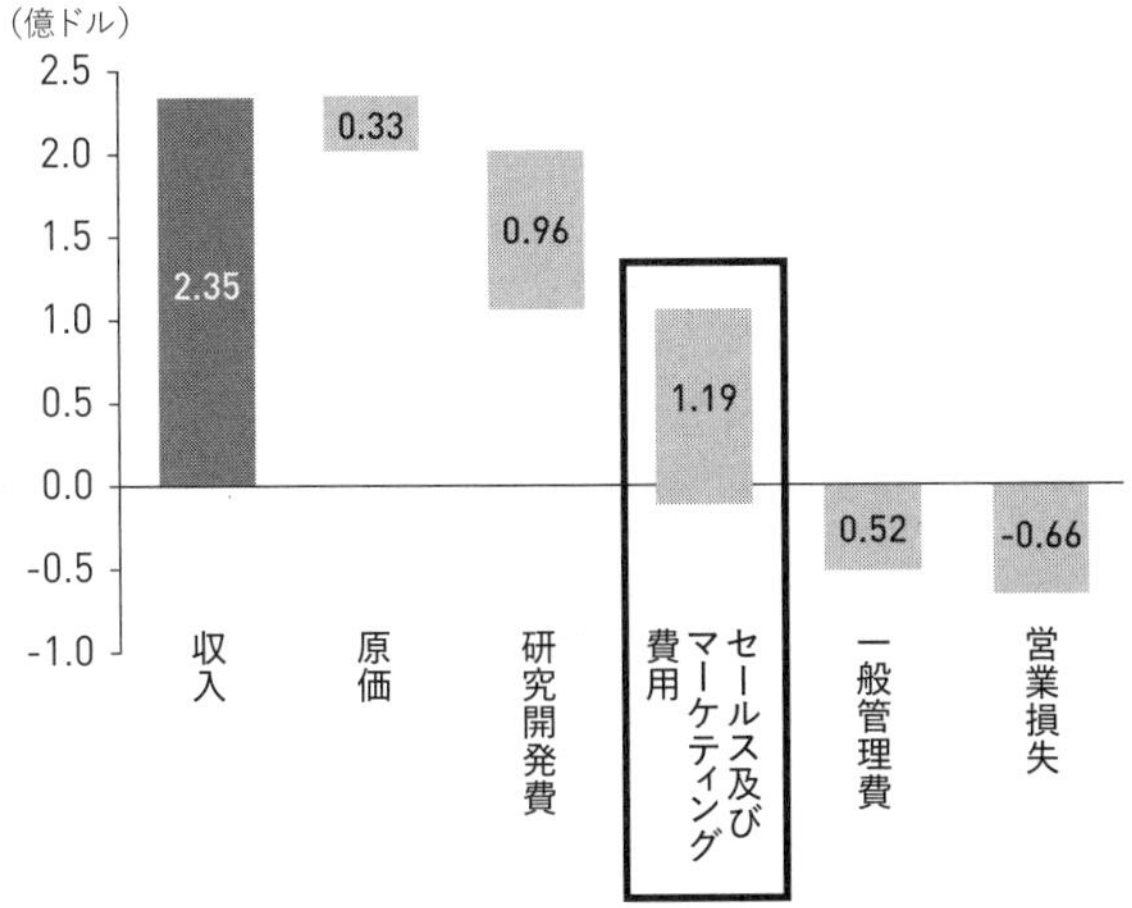

もそうでしたが、赤字は必ずしも悪ではないですから。
　むしろ積極的に攻めていると評価することもできます。

◇Slackを分析する「5つの指標」

　そこで、本題の「Slackは、何がそんなにスゴいのか?」なんですけど、**SlackのようなSaaSのビジネスをより詳しく理解するためには、次の5つの言葉の意味を覚えることが重要です。**すなわち、CAC、MRR、LTV、チャーンレート、NDRの5つです。先に全体像を示すとこのような感

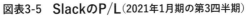

じになります（図表３-６）。

　これらを理解すれば、なぜSlackがＰＳＲ33倍という高い評価を得られているのかも見えてきます。

まさにその秘密が知りたいんですよね。

まず一つ目は、顧客獲得コスト。たとえば、Slackは２０２１年１月期の第３四半期の３カ月間で、新規有料顧客を１万２０００社獲得しています。
　これに対して、セールス及びマーケティング費用は約１・２億ドルかかっています。そのため、１社当たりの顧客獲得費用は１万ドル（約１０４万円　※２０２０年当時の為替レート）になります。このように、顧客１社を獲得するのに必要な費用である顧客獲得コストは専門用語では、「ＣＡＣ（Customer Acquisition Cost）」と言います。

なるほどー。ＳａａＳのようにサブスクリプション（一定期間における定額料金）を通じて、顧客が積み上がっていくビジネスだと、**顧客獲得にかかった費用と新規顧客獲**

図表3-6　SaaSを理解する5つの指標

名称	日本語	意味するところ
CAC Customer Acquisition Cost	顧客獲得コスト	一人当たりの顧客獲得に要する費用
MRR Monthly Recurring Revenue	月次経常収益	サブスクリプション等の経常的に計上される売上高や収入
LTV Life Time Value	顧客生涯価値	1人もしくは1社当たりの顧客から生涯にわたって獲得できる収入
チャーンレート	解約率	すべてのユーザーのうち、解約したユーザーの割合
NDR Net Dollar Retention Rate	売上継続率	1年前に獲得した既存顧客の売上高をどれだけ維持できているかを見る指標

名称	使い方
CAC Customer Acquisition Cost	・CACとLTVを比較し、LTV>CACの状態ならば広告宣伝費をつぎ込んででも顧客を獲得した方が良い状態となる。
MRR Monthly Recurring Revenue	・毎月確実に入ってくる収入を把握できる。また、一人もしくは1社当たりの平均MRRを計算することで、CACと比較して、どれぐらいの期間でCACを回収できるかがわかることになる。
LTV Life Time Value	・LTVを把握することで、CACを踏まえて適切な広告戦略を打つことができる。 ・MRR/顧客数×継続月数もしくは、1顧客当たりの収入÷チャーンレートで計算が可能となる。
チャーンレート	・解約率を把握することで、顧客がどれぐらい継続して利用しているかを把握できる。 ・実務的にはLTVの計算をする際にも用いる。
NDR Net Dollar Retention Rate	・継続的にどれだけ顧客に使ってもらえているかを把握するのに役立つ。顧客管理ともいえるカスタマーサクセスの観点においても重要な指標。

得数を比較することで、１社当たりのＣＡＣを計算できるということですね。

そうです。その「顧客の積み上げ」がポイントなんです。そして、このＳａａＳのビジネスにおいて、サブスクリプションによって継続的に積み上がる月次の売上高のことを「ＭＲＲ（Monthly Recurring Revenue）」と呼びます。これが２つ目の指標。Recurringというのは「経常的に」っていう意味です。**Slackの場合、基本的にはサブスクリプションからの売上しかないため、必然的に月の売上高がＭＲＲとなります。**

月額課金以外にも、スポットでの販売とかがあれば、月の売上高とＭＲＲが一緒にならないこともあるけど、サブスクリプションのサービスのみなら、月の売上高＝ＭＲＲってことですね。
　スタートアップ企業に勤めている友人が売上高ではなく、やたらＭＲＲや年次のＡＲＲ（Annual Recurring Revenue）って言っていた意味がわかりました。

Slackの２０２０年10月末時点（２０２１年１月期第３四半期）の取引社数は14万２０

００社だったから、１社当たりの平均ＭＲＲは５５０ドル（５・７万円）ですね。

つまりSlackは、１顧客を獲得するのに１万ドルかかり、その顧客から毎月５５０ドルの収益を獲得しているということになります。

ということは、顧客獲得費用（１万ドル）を１社当たりの平均ＭＲＲ（５５０ドル）で割ると、18・2になる。すなわち、顧客１社につき18・2カ月以上サービスを継続してもらえれば、顧客獲得費用の１万ドルを回収できるということですか？

そう、18・2カ月以上継続してもらえれば、Slackは顧客獲得費用を回収できます。
このように、**一人もしくは１社当たりの顧客から生涯にわたって獲得できる収入を「ＬＴＶ（Life Time Value）」と言います。このＬＴＶが３つ目の指標です。**

◇解約率何％以下で、儲けは出るの？

となると、いつまでサブスクリプションの課金が続くかが重要になりますね。18・2

カ月以内に契約が終わると顧客獲得費用を回収できませんもんね。

そうなんです。ちなみに、このＬＴＶは次の計算式で求めることができます。

ＬＴＶ＝1顧客当たりの収入（月次）×継続月数
＝ＭＲＲ／顧客数×継続月数

ＬＴＶがＣＡＣを上回るなら、将来的には1顧客当たりの経済性（これを「ユニットエコノミクス」と言う）はプラスになることから、積極的に顧客を獲得した方がいいことになりますよね。

確かに……。継続が大事になるってことは、いつ顧客が契約を解約するかがポイントになってきますよね。私も1カ月無料でサブスクリプションのサービスを購入することがありますけど、以前無料期間だけ使おうと思って気がついたら、契約し続けていたなんてことがありました。以来、定期的にサブスクリプションは見直して、解約す

るようにしています。

ＳａａＳのビジネスモデルにおいては、いかに解約されないかが重要です。解約率のことを専門用語で、チャーンレートといいます。これが４つ目の指標です。

ＬＴＶの計算では、継続期間を求める必要がありますが、厳密に継続期間を計算するのは難しいです。そこでチャーンレートを応用することになります。実務上では多くの場合、チャーンレートを使って次のようにＬＴＶを計算します。

ＬＴＶ＝１顧客当たりの収入（月次）÷チャーンレート

すみません、やさしく解説お願いします。

たとえば、１顧客当たりの収入が５５０ドル、毎月のチャーンレートが10％だとすると、ＬＴＶは５５０ドル÷チャーンレート10％＝５５００ドルになります。これは高校の数学で習う無限等比級数[19]を使っています。

文系出身なので、もう少しやさしくお願いします……。

先ほど計算したようにSlackのＣＡＣは1万ドルだったから、ＬＴＶが５５００ドルでは元が取れないですよね。**1万ドルを回収するためには、18・2カ月以上継続して利用し続けてもらい、かつ、サブスクリプション（月額課金）のチャーンレートを5・5%以下に抑える必要があるということです。**

すなわち、SlackのＬＴＶは1万ドル以上必要となることから、５５０ドル÷1万ドルからチャーンレートを逆算すると、クリアすべき基準は５・５%になるということです。逆にこの基準をクリアできれば、Slackは長期的には利益を生み出せるということですよ。

チャーンレートは、どのぐらいなんですか？

Slackの場合、チャーン（解約）するどころかむしろ既存の有料顧客が純増し、さら

に新規顧客も着実に獲得しています。２０２１年１月期第３四半期では顧客数は、前年比35％増でしたからね。

既存顧客が増えているうえに、新規顧客も増えているんですね！

それが最後となる５つ目の指標、売上継続率（ＮＤＲ：Net Dollar Retention Rate）。これは、１年前に獲得した既存顧客の売上をどれだけ維持できているかを見る指標で、１００％を切ると解約が発生していることになります。

Slackの売上継続率はどの四半期も１２０％以上を維持しています。

【19】無限等比級数とは、無限に続く等比数列の和のことを言う。ここで、最初の項である初項をａ、等比をｒ（ただし、$-1<r<1$）とした場合、無限等比級数の和は、$a/(1-r)$で計算することができる。この公式を応用することで、本文の例のような計算が可能となる。

◇解約数が増えずに、契約数が伸びる意外な理由

前年に比べてチャーン（解約）があるどころか、むしろ契約を拡大している。なんで、こんなことが起こるんですか？

Slackは組織で使うサービスですから、従業員が増えることで契約数を増やしたり、組織の一部だけが使っていたものを他の部門にも導入したりすることで、既存顧客から得る収益はむしろ上がったりします。いわゆる、ネガティブチャーン（負の解約率。つまり契約の増加）が発生している状況です。

みんな使ってるから、使い始めるってことか。「LINE」みたいな。確かにBtoBのサービスって最初は特定の部署だけに導入して、その後評判が良くて他の部署にも導入ってケースがありますね。そしてその後、全社やグループ会社にも導入されるのも聞きます。

図表3-7　Slackの年間経常収益（ARR）

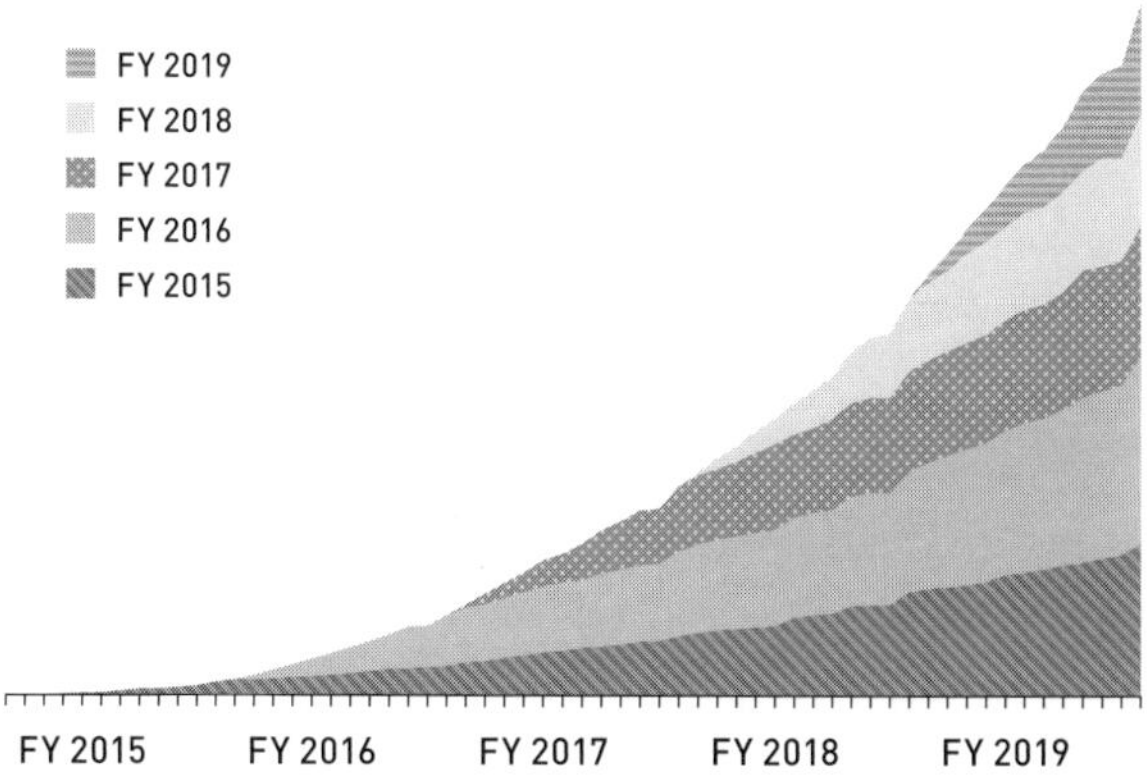

実際、私がいる会社でも、名刺管理サービスのSansanを使っていますが、気がついたら導入していなかった隣の部署も使うようになっていました。

はい、このことをわかりやすく示しているのが、次の図表3-7です。これはSlackの年間経常収益（ARR：Annual Recurring Revenue）のコホート図。MRRはサブスクリプションから得られる月次の経常収益のことでしたが、ARRは年次での経常収益を意味します。

Slackすごいですね！　まるでミルフィーユのように積み上がっていってい

る！　とても赤字の会社とは思えない成長の仕方です。

このコホート図をもう少し説明しましょう。たとえば一番下は、ＦＹ２０１５に獲得した顧客企業から得られる収益を表しています。ＦＹ２０１５にSlackと契約した企業なので、その数は今後減ることはあっても増えることは絶対にありません。にもかかわらず、一番下の面積は年を経るごとに広くなっています。

これはつまり、**ＦＹ２０１５にSlackを使い始めた企業が利用するアカウント数を増やしたりアップグレードして、年々支払いを増やしているってことになります。**

てことは、ＬＴＶの計算式における「収入×継続月数」は、収入面で見ても継続月数で見ても今後伸びる可能性が十分にありそうですね。時間が経過すれば、顧客の獲得にかかる1万ドルのコストなんてすぐに回収できそう。

そう、ポイントはその点なんです。ここでもう一度SlackのＰ／Ｌ（図表3-5）を見てみましょう。仮にセールス及びマーケティング費用を今の４割ほどに減らすだけ

で、Slackは黒字を達成できますよね。

でもそうせずに、**顧客1社当たりに1万ドルのコストをかけて積極的にユーザー獲得に集中しているのは、その方が長期的にはSlackの収益に貢献することがわかっているから**です。

実際、SlackのＰ／Ｌを見ればどの四半期も赤字ですが、実は広告宣伝費を抜くときちんと回っていることがわかります。

圧倒的な「攻めの赤字」ですね。

◇戦いの舞台は、「セールスフォースvs.マイクロソフト」へ

このことを評価して株式市場はSlackの株価に高値をつけていましたし、セールスフォースはそれをも上回る評価をもってSlackを買収しているわけですね。成長著しいＳａａＳ企業の場合、ＰＳＲで企業の価値が評価されることが多いです。

日本ではＰＳＲは7～20倍ぐらいに言われているケースもありますが、セールスフォースによる買収の価格はＰＳＲ33倍と破格です。でも、その理由もこれまでのコホート図を見てもらえればわかるでしょう。

そういえば、Slackのライバルってマイクロソフトの Teamsですよね。ここの差って、ぶっちゃけどうなんですか。

実はマイクロソフトのTeamsの方が大きく成長をしています。Slackがセールスフォースに買収されたのも、Slackの危機感の現れかもしれないです。実際、セールスフォースは世界トップクラスのＣＲＭ（顧客管理）企業であり、今でも年率20％以上の急成長を遂げている、これからも期待できる企業です。

メールのやり取りばかりしている間に、世界ではこうした激しい競争がなされているんですね。

そうなんです。だから我々もこの流れに乗り遅れないよう、今後はメールではなく、チャットツールでやり取りをしましょうか。

宮田さんの返信が速くなるなら、喜んで使わせていただきますよ。

第3章のまとめ

- 「ＰＢＲ」で時価総額が純資産の何倍かを見れば、企業が純資産の簿価に対して、どれだけ評価されているかがわかる
- 「ＰＥＲ」で時価総額が当期純利益の何倍かを見れば、何年分の利益が時価総額として評価されているのかがわかる。ただし、赤字の場合は、ＰＥＲは計算ができない
- 「ＰＳＲ」は時価総額が売上高の何倍かを示すもので、成長著しいテクノロジー系のＳａａＳ企業等でよく用いられる指標。ＰＥＲとちがって赤字でも計算することができる
- ＳａａＳ企業の分析では、「ＣＡＣ」「ＭＲＲ」「ＬＴＶ」「チャーンレート」「ＮＤＲ」の指標でチェックしよう

第4章

GAFA売上高No.1のアマゾンは本当に「利益を出さない」のか？

くすぶっている今の状況を打破したい！
でも、なんかやる気出ないし、家でネットショッピングや映画三昧の中村さん。
怠惰な自分に嫌悪しつつも、「人間だもの」と思ってみたり。
誰かに、自己肯定感を上げてもらいたい！　承認して欲しい。
誰かにかまってもらいたくて、連絡しようと思うが、
友達じゃない、親じゃない、アイツでもない……、
そうだ、宮田さんがいるじゃないか！
というわけで、Slackで連絡を取って、宮田さんをオンライン飲みに誘ってみた。

◇「利益を出さない都市伝説」の真相を追え！

今日はオンラインって珍しいですね。最近転職活動はどうですか？

いや、あんまりうまく進んでいなくて……。なんというか、やる気があまり出ないいん

ですよね。家で、アマゾンプライム（アマプラ）で映画を見たり、ネットショッピングしたりしながらゆっくりしていますね。

まぁ、そういう時もありますよ。モチベーションが下がったからって、ゴロゴロしているわけではないと思います。むしろ、ゴロゴロすることで、モチベーションを維持できますし、場合によってはモチベーションを上げることもできますから。

そう言ってもらいたくて、つなぎました。さすが宮田さん！

アマプラ、充実していますよね。私もＧＡＦＡのサービスなしで生きていける気がしません。

そうですね。やっぱＧＡＦＡはスゴいですよ。アマプラとかショッピング以外も最近本はほとんどKindleで買いますし、検索はいつもGoogle。Google mapもよく使います。YouTubeは毎日のように見ていますね。パソコンとスマホはアップルのＭａｃ

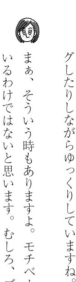

とiPhoneを使っています。iPhoneに至っては触らない日はないですよ。

Facebookも使っています。特にメッセンジャーですね。最近は社外の友人や知人とのやり取りもメッセンジャーが増えています。あとは、Instagram。今日も食べた昼ごはんをインスタにあげたりしました。これだけ生活に入り込んでいるんだから、めちゃくちゃ儲かってるんでしょうね。

まさにＧＡＦＡ浸けの生活ですね。ちなみに、ＧＡＦＡの中で一番時価総額が大きい会社はどこか知ってますか？

確かアップルですよね。ニュースで見ました。

そうそう、正解。じゃあ、売上高が一番大きい企業はどこですか？

えーっと。たしかこれもアップルだったと思うんですけど……。iPhoneは世界中で売れていますし、Ｍａｃを使っている人も周りでは多いです。

おしい！　確かに2年前まではアップルが売上高もGAFA No.1だったんです。
でも、今はアマゾンがGAFAの中では売上高No.1です。

え!?　アマゾンってそんなに売上高が大きいんですか？

アマゾンは未だに売上高が年20〜30%も成長しているモンスター企業です。アップルの売上高も大きいですが、それを抜くほど急成長をしています。

アマゾンって昔「利益を出さない」っていう記事を読んだ[20]気がするんですけど、利益を出さずに売上高を伸ばし続けたからここまで成長できたんでしょうか？

必ずしもそうではないのです。**アマゾンは、ファイナンスの教科書におけるセオリー**

【20】毎年赤字発表のアマゾン（Amazon）　ジェフ・ベゾスの経営手腕にせまる
https://zuuonline.com/archives/14548

のような経営をしています。今日はそれについてちょっと話しましょうか。

◇都市伝説が独り歩きした「2つの理由」

まず、さっき出た「利益は出さない」というのは本当か確認しましょう。アマゾンの売上高は今やアップルも抜いて、GAFAでは№1です。でも、小売だとウォルマートの方が売上高は上ですし、売上高が世界№1ではないことには留意が必要ですよ。

アップルは時価総額で世界1位でも、売上高はアマゾンだけでなく、ウォルマートよりも少ないんですね。企業って、色々な角度から見ると面白いですね。

そう、人と同じで一面だけで企業を捉えることはできないのです。多様な面から見ることが重要です。

さて、アマゾンですけど、結論から言うと利益は出ています。たとえば直近の2020年度は、売上高3861億ドルに対して当期純利益は213億ドル（約2・3兆円）です。日本企業でこの水準の利益を超えて実現しているのは、以前話をしたソフトバンクG（２０２０年度の当期純利益は約5兆円）のみです。

アマゾンもそうだけど、ソフトバンクGって改めてスゴい……。

もう少し詳しく見てみましょう。２０２０年度のアマゾンの売上高当期純利益率は、約５・５％で、売上高営業利益率は５・９％。アマゾンは、ＥＣ事業の他にＡＷＳ（Amazon Web Service）といったクラウドサービスでも大きく利益を出しています。だから単純な業種比較は難しいものの、「利益を出さない」どころか、「十分に利益を出している」と言えます。

たとえば、日本における小売業の平均的な売上高営業利益率は２・８％ですし、日本のＥＣ大手である楽天は、直近の黒字だった２０１９年度の連結売上高営業利益率は５・８％でした。

本当ですね。**なんで、アマゾンは利益を出さないと思っていたんだろう。**

その理由は2つ考えられます。一つは、2010年代の出来事です。2015年の売上高は約1000億ドル（約11兆円）で、この5年間でアマゾンは売上高を3倍以上に増やして急成長を遂げました。

なんか、アマゾンが成長しまくって、他の企業が倒産していったやつですか？

詳しいですね。**アマゾンのこの驚異的な成長を受けて「アマゾンエフェクト」なる言葉が生まれたのもこの時期なんです。**

アマゾンエフェクトとは、アマゾンが進出する市場・業界には業績の影響や業態変化が起きる現象を指した言葉です。つまり、アマゾンが参入する業界はことごとくディスラプト（破壊）されていくことを示唆《しさ》しているってことなのです。

さらに、2012年には「アマゾン恐怖銘柄指数」という株価指数も開発されました。アマゾンの事業拡大に応じて業績の悪化が見込まれるアメリカの小売関連企業銘柄54社以上から構成され、スーパーのウォルマート、会員制卸売のコストコ、家電のベストバイなどが含まれています。**実際、２０１７年にアマゾンがホールフーズを買収した時、アマゾン恐怖銘柄指数が急落しました。アマゾンによるホールフーズ買収で、伝統的な小売企業の業績が落ちると予想されたからですね。**

アマゾン、ハンパない。でも、この頃の利益って実際はどれぐらいだったんですか。

この時期のアマゾンはほとんど利益を出していないし、年によっては赤字でしたね。

なんか世の中には、一見して理解できないことが多いなぁ。

ここまでが一つ目の理由。そして、二つ目の理由は、ジェフ・ベゾス自身の発言によるものです。１９９７年にベゾスはこんな発言を残しています。

「利益は出ていません。出そうと思えば出せますけどね。利益を出すのは簡単です。同時に愚かなことでもあります。我々は今、利益になったはずのものを事業の未来に再投資しているのです。アマゾン・ドット・コムで今利益を出すというのは、文字通り最悪の経営判断だと言えます」[21]

なかなか攻めた発言をしますね。

2010年代前半まではアマゾンは実際に赤字だったこと、さらにベゾス自身が「利益は出さない」と発言したこと。この2つが「アマゾンは利益を出さないという都市伝説」の所以《ゆえん》と言えますね。

実際、アマゾンは利益を出していなかったですしね。でも、**なんでアマゾンはこんなに成長できたんですか？** 噂では、利益を全部投資に回しているって聞きました。

半分正解で、半分不正解でしょうかね。

◇赤字でも「キャッシュが生まれる」錬金術

アマゾンは確かに「利益」は出していませんでした。
でも、キャッシュは生み続けてきました。

え？ **利益は出てないけど、キャッシュが生まれる？** 以前（第1章）のメルカリも確か当期純利益はマイナスでしたけど、営業キャッシュフローはプラスでしたね。そんな感じでしょうか。

お、近い！ 図表4-1および図表4-2を見てください。アマゾンの営業利益、純利益、そして営業ＣＦを比較したものです。

利益はあまり出ていないけど、営業ＣＦはずっと右肩上がりですね。

そうです。**さらに営業ＣＦを利益から逆算してみると、儲けのカラクリがより鮮明に**

【21】桑原晃弥『ジェフ・ベゾスはこうして世界の消費を一変させた――ネットビジネス覇者の言葉』（ＰＨＰビジネス新書）、２０１３年。

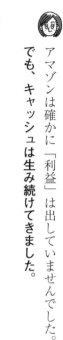

なってきます。２０１４年の数値に注目して、説明しましょう。当期純損失は２・４億ドルのマイナスに対して、営業ＣＦは68・４億ドルですよね？

はい、その間に減価償却費とその他現金支出を伴わない費用の支出で約61億ドル、そして営業資産負債の増減で９・８億ドルありますが……。

そう、その２つがアマゾンのキャッシュ創出の秘密です。それぞれ見ていきましょう。まずは減価償却費です。この意味はわかりますか？

簿記で勉強しました。工場や設備に投資した際に、すべてを費用計上するのではなく、固定資産に計上したうえで、年数に応じて費用を計上するということですよね。たとえば、10億円の設備投資をしたとして、毎年１億円ずつ10年で費用を計上していくって感じですよね？

そうそう。**そして、この減価償却費は現金支出を伴わないという特徴があります。費**

図表4-1　amazon 純利益、営業利益、営業CF（単位：億ドル）

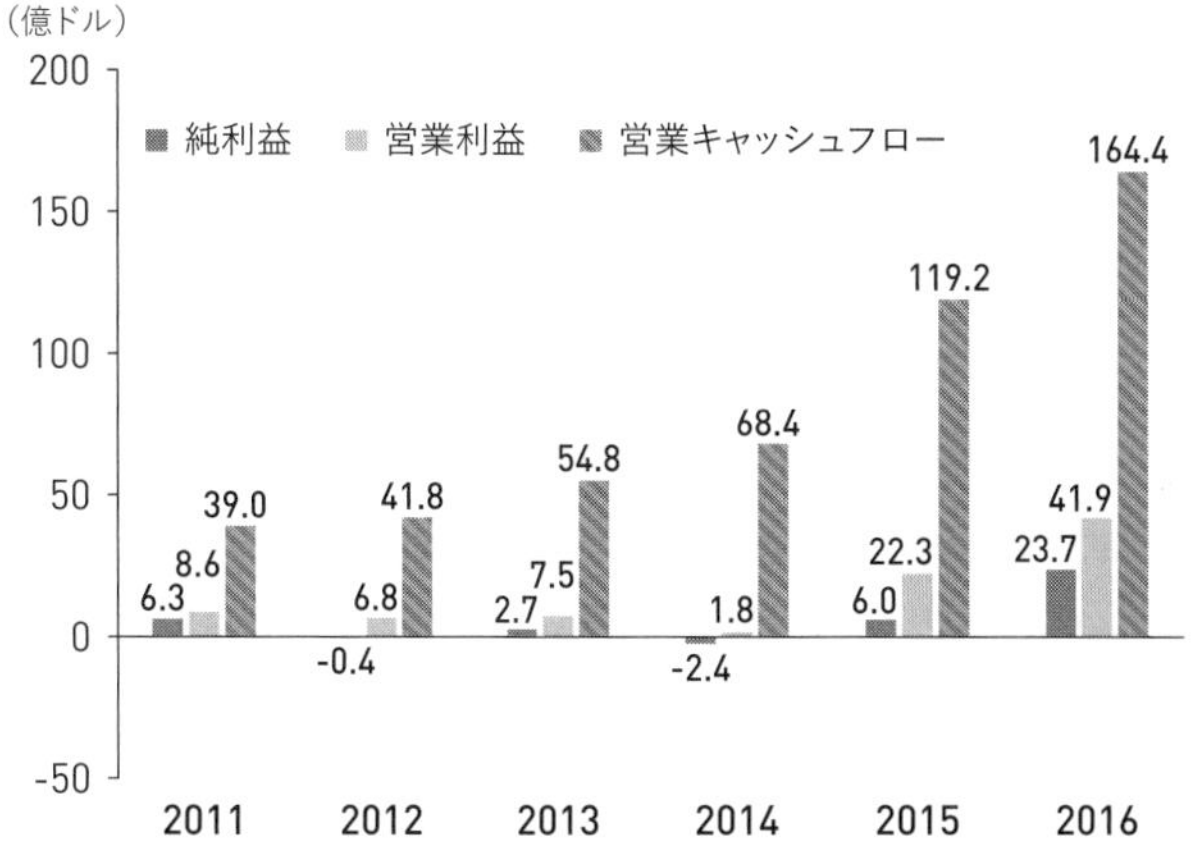

図表4-2　2014年度の営業CFの変遷

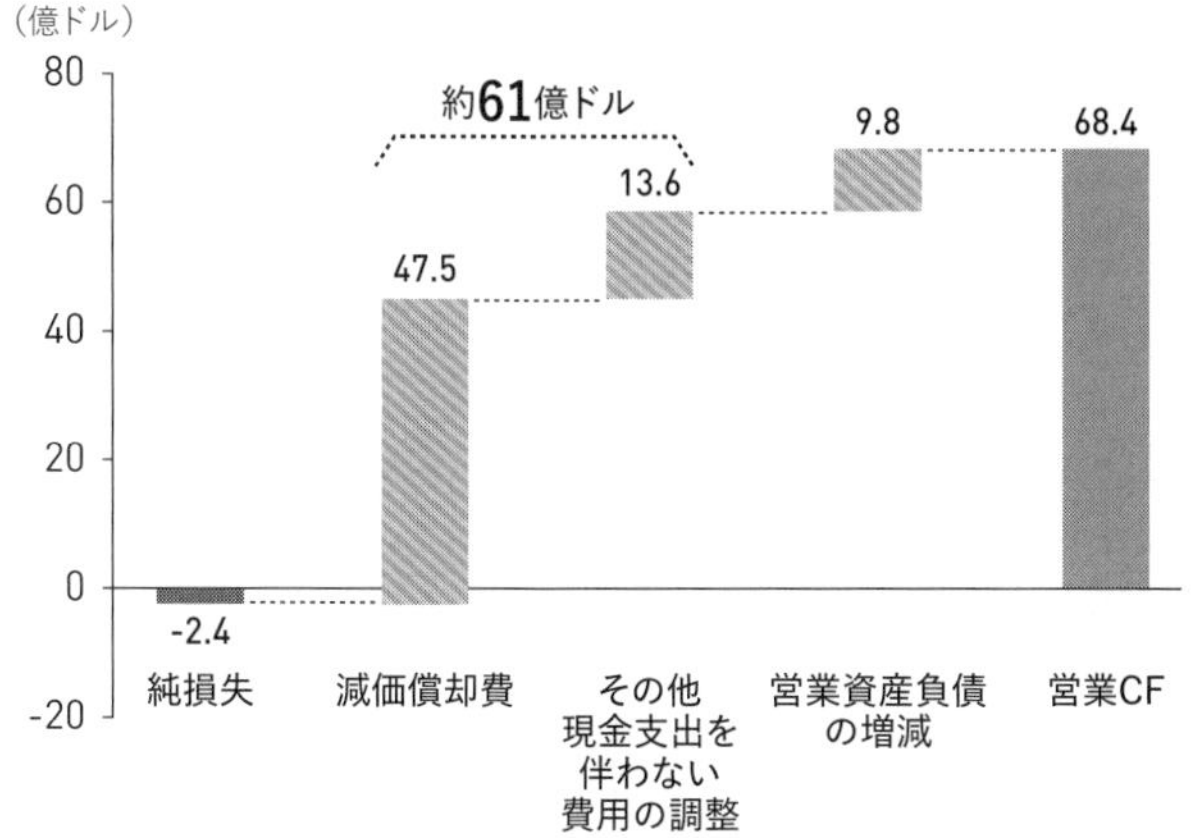

用として計上しても、キャッシュアウトしないってことです。さっきの例で言うと、10億円は投資した年に全部出ていって、それらを固定資産に計上したうえで、毎期1億円ずつ費用計上しているだけですからね。だから、キャッシュを見る際には、キャッシュアウトしていない費用は、利益に足し戻す必要があるんです（図表4-3）。つまり、減価償却により利益は減っていても、キャッシュは減っていないのです。

なるほど。10億円を投資したとしたら、費用としては、毎年1億円ずつ費用計上されるものの、実際には最初に10億円出ていった以降は、お金が費用として毎年1億円出ていっているわけではない。だから、キャッシュを計算する時には減価償却費は足し戻す必要があるということですね。

　アマゾンの場合、減価償却費を含めて、それらが61億ドルもあるということですか。それだけアマゾンが過去に投資をしてきたってことでもありますね。

そうなんです。見方を変えれば、**アマゾンは減価償却費等で多くの費用を計上し、利益は小さくなっていますが、キャッシュ自体はそれほど多く出ていっているわけでは**

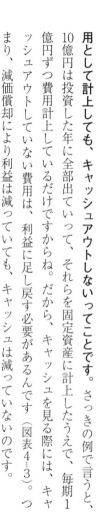

図表4-3　利益とキャッシュをベースに見た減価償却費

	利益ベース	Cashベース
売上高	100	100
原価	30	30
粗利	70	70
人件費	20	20
広告宣伝費	10	10
減価償却費	20	0
利益/Cash	20	40

減価償却費はキャッシュアウトしない費用のため、キャッシュは減らない

会計上の利益は20しかないが、減価償却費はキャッシュアウトしない費用のため、手元には40のキャッシュが残る。このキャッシュ40を計算するには、利益20に減価償却費20を加えることでも計算できる

ないので、実際にはキャッシュを生み続ける経営をしてきたってことですね。

◇アマゾンの強さの秘密は、「CCC」！

減価償却費はわかったのですが、もう一つの営業資産負債の増減9・8億ドルってなんですか？

事業からどれだけキャッシュを生んだかを見る指標ですね。事業、特に小売業は物を仕入れて、仕入れの支払いをして、在庫になって、在庫を販売し

て、入金があります。このサイクルをぐるぐる回す感じですよね。

昔、カフェでバイトをしていましたが、まさに今の感じでしたね。サンドウィッチを作るのに、パンを仕入れて、在庫の管理をして、注文が入ったらサンドウィッチを作って販売をする。仕入れの管理もやっていましたし、懐かしいです。

まさにそう。で、ここではキャッシュの動きを捉えるのが重要なのです。**多くの場合、先に仕入れて、仕入れ代金を払って、その後在庫を経て、販売をして入金になります。**だからその間に発生する資金ギャップを埋める必要があります。

こう考えるとビジネスって大変ですね。モノを売ればよいだけではなく、仕入れもして、在庫も管理し、さらに資金の手当もする必要がある……。

そうです。そして、**それぞれに発生する日数、すなわち前述の資金ギャップを計算したものを「キャッシュ・コンバージョン・サイクル（CCC）」と言います。**式で表

図表4-4　一般的なCCC

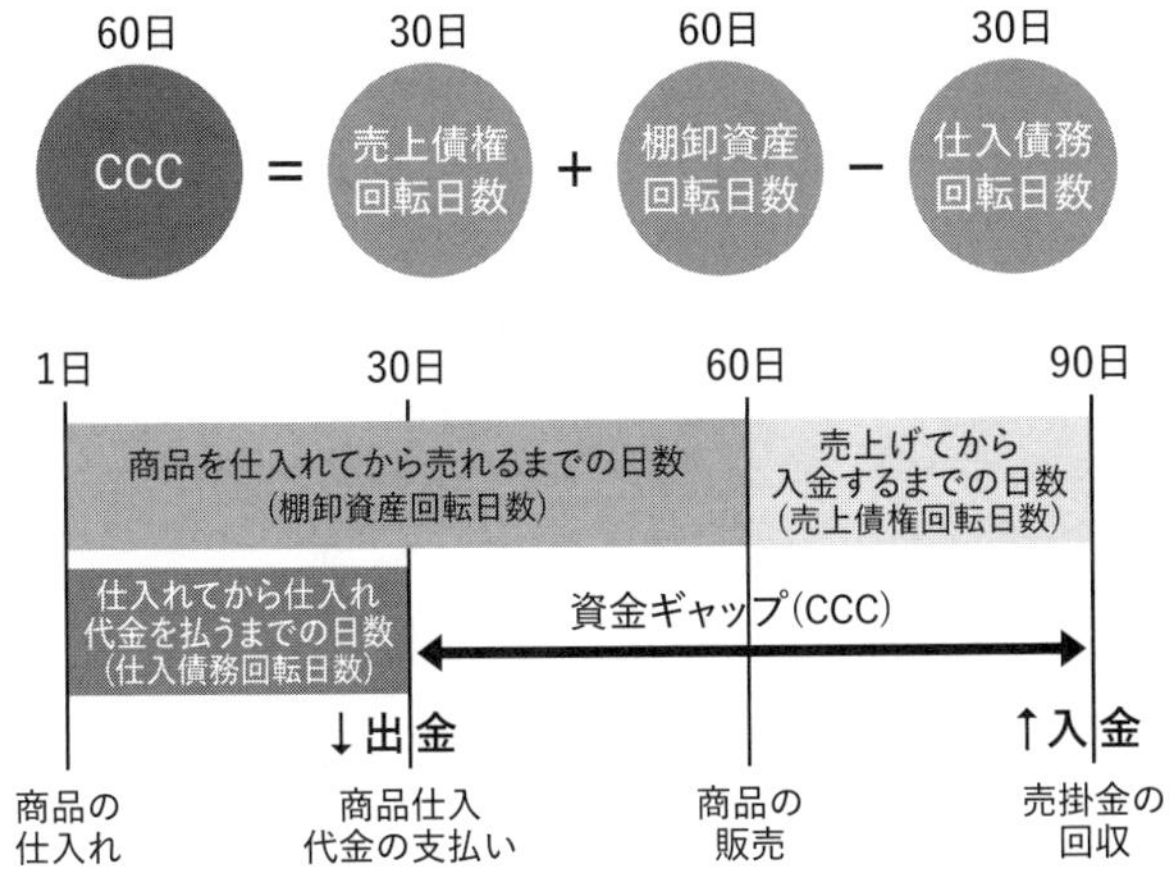

現すると、図表４‐４のようになります。

ＣＣＣが大きくなるほど、資金の回収期間が長くなり、小さいほど回収期間が短くなります。そして、ＣＣＣは一般的にプラスになります。

プラスとは、つまり資金ギャップが発生するということです。

商品を仕入れてから売れるまでの日数（棚卸資産回転日数）と、売り上げてから入金するまでの日数（売上債権回転日数）を足して、商品を仕入れてから代金を支払うまでの日数（仕入債務回転日数）を引いた数は、一般的に

プラスになると。

普通はプラスですね。だから売上高が増えれば増えるほど、資金繰りが苦しくなり、銀行からの借入が必要になってきます。

でも、実はアマゾンはこのCCCがなんとマイナスなんです。

え？　CCCがマイナスってどういうことですか？

通常は仕入をして、在庫を持って販売という流れですよね。このプロセス自体はアマゾンも変わりません。

でも、アマゾンの資金の流れはこの逆を行きます。商品が売れて**入金があってから、仕入の支払いをします。**具体的にはマイナス38日。**つまり、商品の仕入代金を払う1カ月以上前にアマゾンにはお金が入ってきている状況です**（図表4-5）。なお、現金決済が多いスーパーや100円ショップでもCCCがマイナスになることはあります。ただし、アマゾンのようにCCCがマイナス30日を超えるケースはほとんどあ

図表4-5　アマゾンのCCC

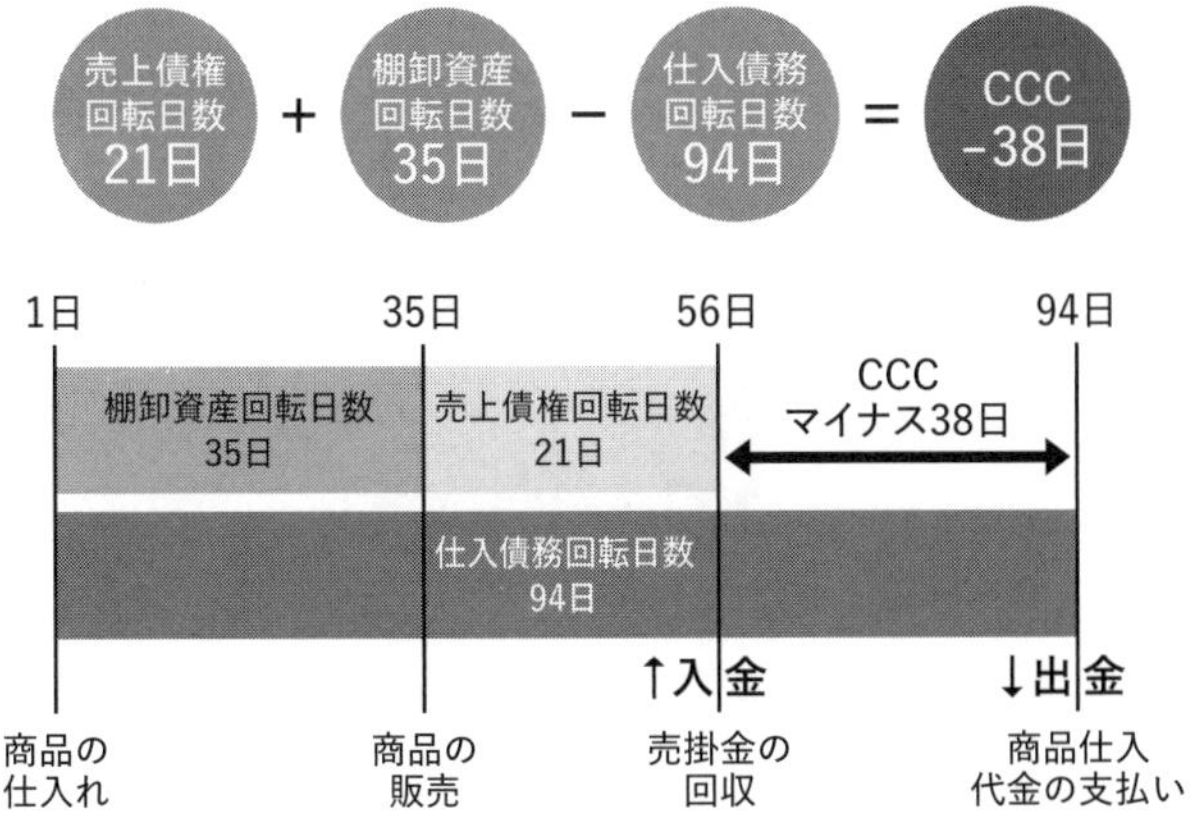

りません。

そんなこと、可能なんですか⁉

これには、アマゾンのビジネスモデルの理解が不可欠です。
　アマゾンマーケットプレイスって聞いたことがありますか？

確か、アマゾンって小売りと消費者を仲介する楽天とは違って、基本的に自社で仕入れて自社で販売してるんですよね。でも、それだけじゃなくて、アマゾンの流通網やECのプラットフォームを使って販売できる仕組みがマー

図表4-6　アマゾンマーケットプレイスのしくみ

ケットプレイスですよね。私、たまに中古の本とかはマーケットプレイスで買ったりもします。

さすが、アマゾンでよく買い物しているだけあって、詳しいですね！

まさに外部のEC事業者が、アマゾンを通じて自社商品の在庫管理、倉庫保管、配送、販売を行うことを可能にする仕組みのことを言います。

この仕組みだと、**マーケットプレイスを通じて売買された商品の代金は、いったんアマゾンに入り、その後アマゾンから売り手に支払われます。この間の滞留時間が長いためにCCCがマイナスになる**という説明が書籍や

ｗｅｂ記事ではよくされています（図表4―6）。

ただ、こうした説明の大半が推測に基づいたものですから、秘密主義であるアマゾンの実態は、決算書に書かれている以上のことはよくわかっていないのも事実です。

え！　ってことは、他にもまだ何か秘密があるんですか。

◇条件が不利でも従うしかない「残酷な真実」

アマゾンの決算書を読み込むと次のようなことが書いてあります。

「当社は通常、小売業者との間で、お客様から売上の代金を回収するのに必要な期間を超える支払い条件を設定しています[22]」

え、**アマゾンに商品を卸した業者は、アマゾンが売上代金を回収してから、支払いが**

【22】Amazon Quarterly results 2020 4Q
https://s2.q4cdn.com/299287126/files/doc_financials/2020/q4/Amazon-Q4-2020-Earnings-Release.pdf

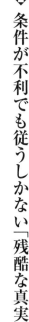

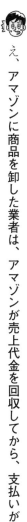

行われるってことですか？

そうなりますね。

そんなの、業者が納得するんですか？　業者はアマゾンに売ってからもしばらく、代金を回収できないということですよね？　なんでこんなことが可能なんですか。

バーゲニングパワーが強いからです。バーゲニングパワーは、交渉力のことです。ハーバード大学のマイケル・ポーターは、ファイブフォース分析というのを提唱しました。このファイブフォース分析では、業界の競争要因として次の5つの競争要因（ファイブフォース）を挙げています。

新規参入者の脅威

売り手（サプライヤー）の交渉力

買い手（顧客）の交渉力

代替品や代替サービスの脅威

業者間の敵対関係

５つの競争要因のうち、ＣＣＣに影響してくるのは「売り手の交渉力」と「買い手の交渉力」です。アマゾンで言うと、買い手の交渉力が圧倒的に強いと言えます。

なぜだかわかりますか？

えー、なんでだろう。アマゾンっていわゆるＥＣにおけるプラットフォーム企業ですよね。このプラットフォームに乗るためにはアマゾンが仕入先に厳しい条件を突きつけているってことでしょうか。

そう。アマゾンクラスになると大量に仕入れもやっていることが予想されます。販売力も明らかに強いです。だから、**多少無理な条件を提示されても業者はアマゾンに商品を卸さざるを得ないのです。資金繰り的には厳しくても、売上が上がるなら条件を飲むしかないということです。**

だからアマゾンは、営業ＣＦにおいては、営業資産負債の増減で９・８億ドルもプラスなんですね。通常、売上が増えれば増える程、資金繰りを回すのに必要な資金（運転資金）が必要になるという話がありました。でも、アマゾンの場合は、資金繰りが苦しくなるどころかむしろキャッシュフローが増えるという手品のようなことが起きているということですね。

利益は生んでいないけど、キャッシュは生み続けてきた意味がわかりましたか？

わかりましたけど……、**アマゾンは生み出したキャッシュで、どんな投資をしてきたんでしょう？**

◆決算の見栄えよりも大切な「本質的な数字」

そこは気になるところですよね。

ところで、企業の投資ってどこを見ればいいかわかりますか？

え、もちろんＰ／Ｌですよね。

Ｐ／Ｌのどこに出てくるのでしょうか？

減価償却費とか？

惜しいです！　減価償却費は、過去の投資を会計的に期間で按分【23】したものですよね。だから、基本的にはバーチャルな数字で、必ずしも実際に企業が投資をした金額とは言えないのです。

てことは、どこを見ればよいのでしょうか。

【23】たとえば投資した金額を10年に渡って費用計上をするようなことを按分と言う。

2つあります。まずは、C／Sの投資キャッシュフロー（投資CF）。投資CFでは、企業が実際に投資をした金額がわかります。さっきの例ですと、10億円の設備投資をしたとして、P／Lに反映されるのは減価償却費の1億円だけですよね。でも、実際に投資をしたのは10億円で、これは投資CFを見ればわかります。

簿記2級だとC／Sを学ばないので、このあたりがよくわかりませんでした。

では、早速アマゾンの投資CFを見てみましょう。**ここでのポイントは投資CFだけでなく、営業CFも一緒に見ることです。**

なんで営業CFも一緒に見るんですか?

営業CFは企業の本業から生み出されたCFで、多くの場合プラスです。他方、投資CFは投資していると基本はマイナスになります。**すなわち、営業CFを使って、ど**

図表4-7　アマゾン 営業CFと投資CF

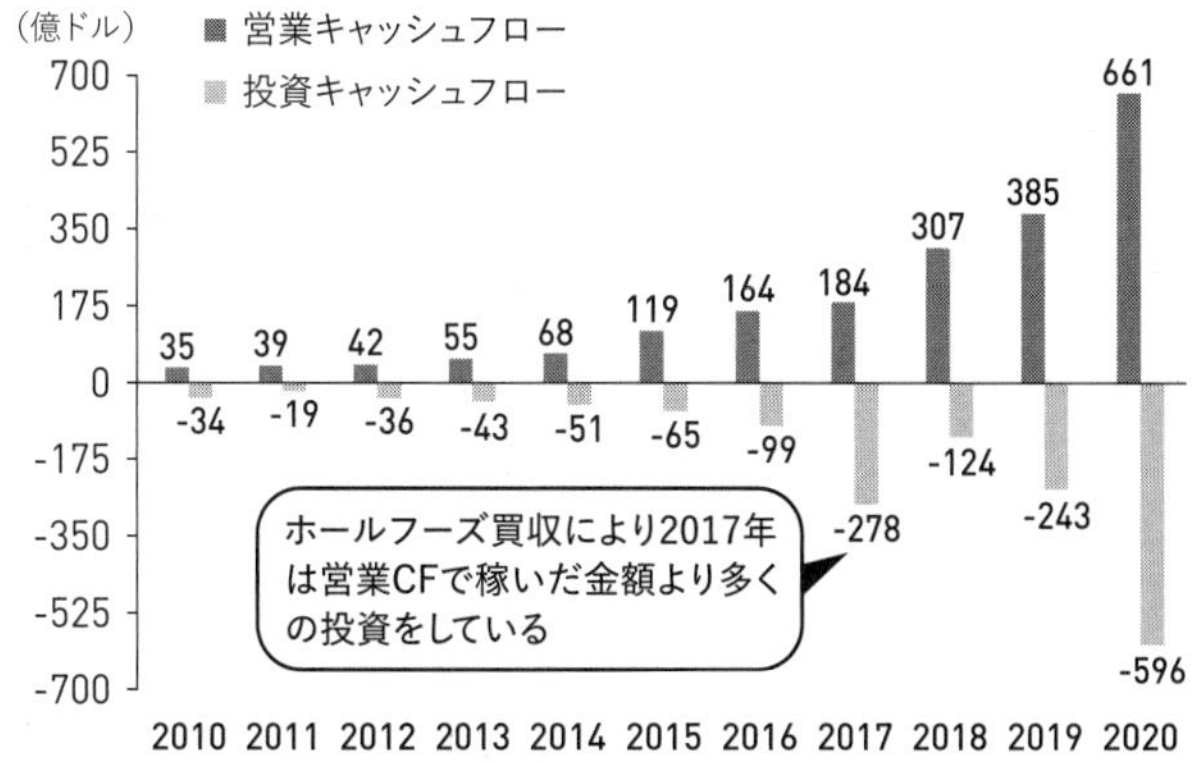

れだけ投資ＣＦをまかなえるのか確認するために営業ＣＦと投資ＣＦを一緒に見るのです。図表４-７は、営業ＣＦと投資ＣＦを載せたものです。

めっちゃ投資してますね。年によっては営業ＣＦの額よりも多いんじゃないですか？

アマゾンはよく、「利益のほとんどを投資に回している企業だ」と言われますが、正確に言えば、「利益のほとんどを投資に回している」のではなく、「**営業利益以上に稼ぎ出している営業ＣＦ（稼いだ現金）のほとんどを投資に回してい**

る」ことになります。

アマゾン、スゴいっすね。純利益ベースでは確かに過去はあまり利益を出していないけど、営業ＣＦはバンバン生み出してきましたし、それを投資に回しているのがわかりますね。

さらにここで重要なのは、フリーキャッシュフロー（ＦＣＦ）という概念です。聞いたことありますか？

初めて聞きましたけど、そんなに重要なんですか。

ＦＣＦは、企業が稼ぎ出したキャッシュ（営業ＣＦ）から、事業の維持や投資に必要なキャッシュ（投資ＣＦ）を差し引いたものを言います。つまり**ＦＣＦとは、事業活動を通じて企業に残り、自由に使えるお金という意味なんです。**計算式としては、営業ＣＦ＋投資ＣＦです。[24]

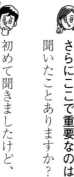

このＦＣＦがプラスであれば、その企業は銀行等の債権者に返済をし、株主に資金を還元したり、さらに将来の投資にキャッシュを回したりする余裕があることを意味します。

図表４-７を見ると２０１７年を除いて、営業ＣＦは投資ＣＦよりも大きいですし、アマゾンはＦＣＦがずっとプラスということですね。利益を出していないと思っていたけど、ＦＣＦはプラスを維持しているのか。

２０１７年は１３７億ドルを使ってホールフーズを買収しました。さすがにこの年だけは、プラスのＦＣＦを維持できませんでした。でも、06年～20年の15年間で、ＦＣＦがマイナスになったのはこの１回だけ。もちろん、偶然ではありません。

意図的に、ということですか……。

【24】他にも営業利益から税金を控除して、減価償却費を足し戻し、そこから投資額を差し引き、運転資金の増減を加味して計算する方法もある。

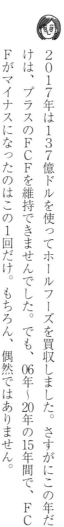

そうです。たとえば、アマゾンの四半期決算説明資料の冒頭ではＦＣＦのグラフが示されていて、そこには「Long Term Goal – Optimize Free Cash Flows（長期の目標：ＦＣＦの最適化）」と書かれています。さらにジェフ・ベゾスによる「株主への手紙」には次のようなことも書いています。

「ＧＡＡＰ（一般に公正妥当と認められた会計原則）の見栄えをよくするか、将来生み出すキャッシュフローの現在価値を最大化させるかのどちらかを選べと言われたら、我々はキャッシュフローを選びます[25]」（著者意訳）

アマゾンってキャッシュフローをめちゃくちゃ重視した経営をしてきたんですね。だとすると、利益だけを見ていてもミスリードになってしまいますね。

◇「世界トップクラスの研究開発費」で叶えたいもの

そう。以上が投資を見る際に大切な一つ目の数字「投資ＣＦ」です。

もう一つは研究開発費。こちらはそのままＰ／Ｌに計上されます。

投資ＣＦは、基本的には固定資産に反映される投資です。他方、研究開発費は、必ずしもＢ／Ｓには計上されず多くはそのままＰ／Ｌに費用計上されることになります。

アマゾンってどれぐらい研究開発費に使っているのでしょうか。

世界トップクラス、４兆円以上です。ＧＡＦＡの中でも当然トップだし、日本企業と比べてもかなり大きいです。こんなにも研究開発費に投資をできるのは、それだけアマゾンが営業ＣＦを生んでいるからに他なりません。

なるほど。これがアマゾンの売上増加の秘密なんですね。そういえば、以前教えてもらったメルカリやSlackって売上高の40～50％近くを広告宣伝費に投資していました

【25】「When forced to choose between optimizing the appearance of our GAAP accounting and maximizing the present value of future cash flows, we'll take the cash flows.」

よね。アマゾンってどうなんですか？

売上高に占めるマーケティング費用は２０１０年代前半で３～５％ほどです。近年でも５～６％程度にとどまっています。一般的に、ＥＣを含む通販やサービス業の広告宣伝費は売上高に対して15～20％ほどと言われています。特にＥＣビジネスは実店舗を持たないから、事業を成長させるには広告宣伝が非常に重要になります。たとえば楽天は、過去10年で平均14・５％、直近３年では平均18％ぐらいですね。

それに比べるとアマゾンの広告宣伝費ってかなり低いですよね。ＣＣＣを含め営業ＣＦをたくさん生み出し、それらを投資に回して成長するって、以前教えていただいたメルカリやSlackのように、最近のスタートアップ企業でよく見られる広告やマーケティングで成長するのとはだいぶ違いますね。

でも肝心な投資ＣＦや研究開発費を通じて、アマゾンは何に投資をしているんですか？

◇オセロの四隅を押さえた「世界最強のインフラ企業」

物流とＡＷＳ【26】の２つです。これらインフラへの投資をずっとアマゾンは行ってきました。**その結果としてアマゾンは２つの武器を手に入れました。**

と言いますと？

一つ目は、ＡＷＳによる利益。現在のアマゾン全体の売上高のうち、ＡＷＳ事業が占める割合は12％前後なのですが、**営業利益に占めるＡＷＳ事業の割合はなんと59％にも及びます。**実際、ここ数年はＡＷＳによる利益の貢献によってアマゾンの利益の絶対額自体も急激に増えています。

【26】アマゾン ウェブ サービス（ＡＷＳ）は、世界で広く採用されているクラウドプラットフォーム。世界中のデータセンターから２００以上のフル機能のサービスを提供し、急成長しているスタートアップ、大企業、主要な政府機関など、何百万ものクライアントがＡＷＳを使用している。

儲かっているとは聞いていましたが、アマゾンの利益の半分以上なんですね。

もう一つは物流を押さえたことで、売上高が伸びたことです。最初に、アマゾンは売上高がＧＡＦＡでトップって言いましたよね。でも、実はそれだけではないのです。売上高成長率もトップ。すなわち、もっとも成長しているのもアマゾンなのです。

スゴいですね。正直、アマゾンってＥＣ以外あんまりってイメージだったんです。

というと？

ＯＳではアップルとグーグルが、タブレットではアップルが、そして動画ではYouTubeを有するグーグルが有利ですよね。アマゾンもkindle fireとか似たようなサービスを持っていますけど、突き抜けている感じがしなかったんですよね。アマゾンプライムよりも、みんなNetflixを見てますし。

でも、これまでの説明を聞いて納得しました。確かに消費者向けでは、グーグルやアップルにはかなわないけど、水面下では、物流やAWSのインフラを押さえてて、今や売上高も売上高成長率もGAFAでトップというのも、腹落ちしました。

そうなんです。アマゾンの強みは、EC事業の支えとなる物流や、AWSに代表されるクラウドビジネスの「上流」を、しかも「自前で」押さえている点にあります。

上流を押さえているってことは、言い換えればBtoBが圧倒的に強いってことです。たとえば、Netflix、Zoom、Slackといった伸び盛りのIT企業はすべて、AWSの上で動いています。

アマゾンがなぜ、これほど莫大な金額をAWSなどのインフラに投資するのか――**それは、「上流」のインフラを押さえるためとも言えます。**

長い時間をかけて多額の投資をしてきたことで、**アマゾンは物流を制し、今やクラウド市場でシェアNo.1となったAWSで〝クラウド上の物流〟をも制しました。**これはいわば、オセロの四隅をすべて押さえているようなものですね。

そして、このようなことが実現できたのは、アマゾンがキャッシュフローを重視した経営を行ってきたから……ということですね。

その通り！　**日本の会計基準で掲載する順番は、B／S→P／L→C／Sと決まっています。でも、アマゾンではC／S→P／L→B／Sの順になっています。**ＧＡＦＡでもこの順番はアマゾンだけです。いかにキャッシュフローを重視しているかがわかりますね。

今まで利益ばかり見てきたけど、いかにキャッシュを生むかが重要なんですね。毎日のようにお世話になっているアマゾンだけど、知らないことばかりでした。自分でも決算書を読み込んで、企業の理解を深めるようにします！

第４章のまとめ

- 減価償却費は現金支出を伴わず、費用として計上してもキャッシュアウトしない
- キャッシュ・コンバージョン・サイクル（ＣＣＣ）で、資金の回収期間を考えよう
- 営業ＣＦと投資ＣＦは両方確認しよう
- 営業ＣＦと投資ＣＦの合計額であり、企業が自由に使えるお金であるフリーキャッシュフロー（ＦＣＦ）をチェックしよう

第5章

お金のプロでも差が出る「決算書の読み方」

これまで宮田さんに、企業の会計やファイナンスの見方を学んできた中村さん。けど、いざ自分で学ぼうと思っても、どこで情報を仕入れるのかわからない――。肝心な資料は、宮田さんが見せてくれてたし。転職活動の企業分析で使いたいんだよなぁ……。

みんなが知らない情報をどっかで手に入れる方法、宮田さんなら知ってそう。

宮田さん、サクっと教えてください！

◇IRで押さえるべき「3つの一次情報」

1カ月ぶりですね。元気にしてましたか？

宮田さん、単刀直入に聞きます！　転職活動のために色々な企業を分析しようと思っているのですが、イマイチうまく情報収集できなくて……。
宮田さんっていつもどこから情報を仕入れてるんですか？　もしかして、ネットに

は出ていない独自情報やインサイダー情報を得る人脈があるんじゃないですか？

これまで話してきたことは、すべて公開情報が元ネタですよ。
ちなみに中村さんは、どういったところから情報を集めているのですか？

新聞やネットニュース、あとは、ヤフーファイナンスの株価の情報とかですかね。

今は多くの情報が溢れている時代だから、決算に関する分析記事もたくさんありますが、**いちばん大事なのは一次情報にあたることですよ。**

残念ながら、企業の売上高や利益を分析した本や雑誌、最近だとウェブメディアに出てくる数字は基本二次情報なんです。

具体的には、そう。企業のＨＰに行って一次情報を取ることが大事。**一次情報とは、企業が自ら発表している自社に関する情報のことです。**企業のＨＰでも一次情報が掲載されているのが、ＩＲ（アイアール）のページですよ。

ＩＲって、数字がゴチャゴチャ書いてあるページですよね。あれを自分で読み解くの、正直めんどくさいです。

確かに。でも、投資や転職活動する人にはお宝だと思いますよ。Investor Relations、略してＩＲとは、企業が株主や投資家に対して、企業の経営状態や財務状況などを広報するための活動のこと。知っておいて損はないと思います。

じゃあ……よろしくお願いします。

さて、**ＩＲで押さえるべき一次情報ってなんだと思いますか？**

いや、わからないです。見ようとも思ったことがないので。

まあそうですよね。ＩＲで押さえるべきは決算書や決算情報です。[27] つまり、企業の売上高や利益が載っている資料。**具体的には以下の３つが大切です。**

- 有価証券報告書
- 決算短信
- 決算説明資料

3つの違い、よくわかっていないですが、内容は違うんですか？

重複もありますが、厳密には違います。だからどこに何が書かれているかをきちんと把握しておかないと、適切な情報は手に入れられないんですよ。

それぞれ説明していきましょう。

【27】決算書とは、一般名称であり、法律により名称や範囲が変わってくる。たとえば、金融商品取引法では、貸借対照表、損益計算書、キャッシュフロー計算書、株主資本等変動計算書、附属明細表の5つを財務諸表としている。ここでは、より広い概念としてこれらを含む企業に関する財務等の情報が掲載されている資料を決算書とする。

◆「ダイジェスト版」なら決算説明資料

まずは有価証券報告書。これは会計士が監査したもので、最も信頼性が高い情報です。**企業の一次情報を得たい場合には、基本はこの有価証券報告書をチェックすることをお勧めしています。**

確かに有価証券報告書は一番よく耳にします。決算書といえば私も有価証券報告書のイメージでした。では、有価証券報告書と残りの2つの違いは何でしょうか？

決算短信は有価証券報告書と違って、会計士による監査は法律上求められていません。**ただしその分、速報性に優れています。**有価証券報告書は事業年度経過後3カ月以内の提出が義務付けられていますが、決算短信は遅くとも決算期末後45日以内に開示を行うことが適当であり、決算期末後30日以内の開示がより望ましいとされているのです（日本公認会計士協会）。

さらには有価証券報告書にはない情報として、**来期の売上高や利益の見通しも書かれている点が重要です。**ファイナンスは基本的には未来思考で、未来を踏まえて考えるものですから、とても大事な情報です。この情報を確認するだけでも決算短信を見る価値はありますよ。

速報性に優れている点と来期の見通しが書かれているのが、決算短信の特徴なんですね。じゃあ、最後の決算説明資料はどんな感じですか？

決算説明資料は簡単に言うと、**決算の情報がわかりやすくまとまっているダイジェスト版です。**有価証券報告書は１００ページ以上もあったりするのでまともに読むとかなり骨が折れます。

でも決算説明資料は、決算の発表時に企業がプレゼンテーションソフトを使って、発表するもので、内容もきれいにまとまっていて見やすいという特徴があります。

加えて、企業のＫＰＩ、投資の状況、企業独自の利益に関する数値の発表など、有価証券報告書や決算短信には載っていないような情報も記載されています。

決算説明資料を見ればすぐに企業の決算の状況がわかるってわけですね。

そうです。ただし注意が必要です。有価証券報告書や決算短信は、フォーマットが決まっていますが、**決算説明資料にフォーマットはない**のです。場合によっては、企業にとって都合の良い情報だけをきれいに見せている可能性もあるかもしれないです。だから、決算説明資料を確認しながら有価証券報告書や決算短信を通じて、細かな情報を獲得するのが大事です。

◇「非財務情報」なしでは、市場から評価されない

これだけ企業の情報の取り方がわかれば企業の分析もバッチリですね。

いや、そうとも限りません。

どういうことですか。一次情報の獲得方法もわかりましたよ？

これまで見てきたのはすべて財務情報です。**でも、最近は財務情報に加えて、非財務情報の存在も重要になってきています。**

具体的には、どんなものがあるんですか？

たとえば、企業がどのように環境問題や社会の問題に取り組んでいるか、コーポレート・ガバナンスと言われる企業統治のあり方、企業の社会的責任、知的財産等のことを非財務情報と言います。

そういえば、非財務情報に関連して、ＥＳＧ投資って最近よく聞きますけど、それと関連するのでしょうか。

まさしくそれです。ＥＳＧ投資のＥＳＧとは、Environmentの環境、Socialの社会、

Governanceの企業統治の3つです。そして、ＥＳＧ投資とは、機関投資家が投資をする際に、財務情報だけでなく、これらＥとＳとＧに関する非財務情報も投資の際に考慮に入れるというものなんです。

確かにいくら儲かっていても、環境に悪いことをしていたり、いわゆるブラック企業だと、マズいですね。特に上場企業だと企業の社会的責任という観点からも、よくなさそうです。

そうですね。そこで**非財務情報が掲載されている「統合報告書」の存在が重要になるわけです**。この統合報告書の発行自体は企業の義務ではないのですが、東京証券取引所が策定したコーポレート・ガバナンス・コードの基本原則3には次のことが書かれています[28]。

【適切な情報開示と透明性の確保】

3．上場会社は、会社の財政状態・経営成績等の財務情報や、経営戦略・経営課

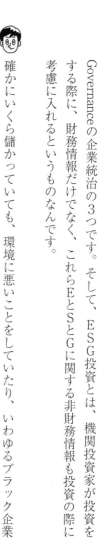

題、リスクやガバナンスに係る情報等の非財務情報について、法令に基づく開示を適切に行うとともに、法令に基づく開示以外の情報提供にも主体的に取り組むべきである。

その際、取締役会は、開示・提供される情報が株主との間で建設的な対話を行う上での基盤となることも踏まえ、そうした情報（とりわけ非財務情報）が、正確で利用者にとって分かりやすく、情報として有用性の高いものとなるようにすべきである。

非財務情報という文字が出てきますね！

よく気がつきましたね。コーポレート・ガバナンス・コードにこう書かれていることもあり、統合報告書を発行する企業が増えてきています。

【28】日本取引所グループ
https://www.jpx.co.jp/corporate/sustainability/esg-investment/support/01.html

具体例として、資生堂を見てみましょう。資生堂は統合報告レポートというのを出していて、オンラインでも読むことができます。たとえば、サステナビリティ戦略には次のようなことが書かれていますよ。

項目	目標値	達成時期
CO_2排出量	カーボンニュートラル	2026年
水	水消費量△40％（対2014年）	2026年
廃棄物	埋め立てゼロ	2022年
容器包装	100％サステナブルな容器	2025年

スゴい！　環境関連の目標が書かれているんですね。カーボンニュートラルや100％サステナブルな容器など、まさに非財務情報ですね。

こういった情報は有価証券報告書や決算説明資料には直接は出てこないかもしれません。**でもこれらの情報は、ＥＳＧ投資の文脈において、機関投資家の投資判断にも影**

響を与えるようになっています。

現在世界的な潮流としてＳＤＧｓやＥＳＧ投資がますます注目されている背景もあって、統合報告書は間違いなく今後さらに重要になるでしょうね。

◇経済の一次情報は「ここ」で見つけよう

さて、これまでのおさらいをしましょう。有価証券報告書、決算短信、決算説明資料、そして統合報告書の特徴をまとめたものが、図表5-1です。

こう見るとそれぞれ特徴がありますね。

これまで見てきたように、それぞれの資料には意味があります。それらの特徴を理解したうえで資料に当たることが大切です。なお、企業のホームページのＩＲのページに行けばいずれもリンクが張ってあるケースが多いですね。

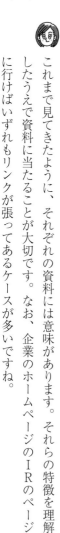

ありがとうございました！　ってあれ？　宮田さん。そういえば、企業の分析で株価って大事だと思うのですが、ここまでほとんど株価の情報って出ていなかったですよね。ニュースや新聞だとよく株価は出るのに、なんでこれまでの資料ではほとんど株価の議論はされなかったんですか？

はい、株価については有価証券報告書に年ごとの最高株価と最低株価は出ています。しかし残念ながら、日次のデータはすべて出ていません。
　結局は、株価に関するデータは、データベースを提供している会社にあたる必要があります。いちばん有名なのは、トムソン・ロイターとブルームバーグです。ともに金融のメディアに強いです。金融のプロやトレーダーはロイターやブルームバーグを使って、最新の情報や株価動向を常にチェックをしています。でも、専用の端末が必要だったり、使うのに高額だったりもします。

テレビで見たことがあります。パソコンのモニター6つぐらいで株価や為替をチェッ

図表5-1　有価証券報告、決算短信、決算説明資料、統合報告書まとめ

有価証券報告書	● 上場企業は、事業年度経過後3カ月以内の開示が義務付けられている ● 公認会計士が監査したもので最も信頼性がある情報
決算短信	● 上場企業は決算期末後45日以内の開示が適当とされていて、速報を知れるというメリットが有る ● 来期の売上や利益の見通しも書かれている
決算説明資料	● 企業が独自で作成する非定形の資料でまとまっていてみやすい ● 企業のKPIや企業独自の利益に関する数値などが書かれている
統合報告書	● 企業に関する非財務情報が書かれていて、機関投資家の投資判断にも活用される ● ESG投資やSDGsに関係する事項が記載されている

クしていますよね。さらにロイターやブルームバーグを使いこなすんですね。

他にも、上場企業のユーザベースは、ＳＰＥＥＤＡという使い勝手のいい企業情報サービスを提供しています。創業者は投資銀行出身で、企業分析の資料をつくるのに苦労してきたからこそ、ＳＰＥＥＤＡでは、簡単に企業の業績を比較できるようなＵＩ（ユーザーインターフェース）にしているんです。

私も使ってみたいです。

ただ、残念ながらＳＰＥＥＤＡも法人専用で、月額の利用料はそれなりに高額なので、金額的に個人が使えるという感じでもないですね。

個人に使い勝手の良い企業情報サービスとかはないでしょうか。

やはり一つは、証券会社が提供している分析ツールです。たとえば楽天証券の「マーケットスピード」。ロイター、ブルームバーグ、ＳＰＥＥＤＡほどの分析は流石にできないですが、ちょっとした株価の分析ならば結構簡単にできます。

証券口座の開設が必要なんですか。

ネットバンキングの口座の開設はかなり簡単ですが、確かに開設は必要ですね。

他はどうでしょう？

以前も話したようにヤフーファイナンスや日経の株価のサイトは手軽に確認できます。加えて、時価総額を調べるには株ドラゴンやCompaniesMarketCap.com、開示情報を調べるには株探なども参考になります。他にも経済メディアのStrainerは月額2000円ほどの有料会員になれば、決算情報に比較的簡単にアプローチできるからおすすめです。私も使っていますよ。

そうなんですね！　ちょっと見てみます。

こういった経済メディアのツールを使えば、いわゆる一次情報が綺麗にまとめられていて、二次情報として手軽にアクセスできます。でも、数字には出てこないような定性的な情報は必ずしも捉えられるわけではありません。

　そういう意味では、やはり4つの情報（有価証券報告書、決算短信、決算説明資料、統合報告書）にも当たって、数字に加え、定性的な文章にも当たることが企業の分析や比較では大事になってきます。

ありがとうございます！　これで転職先の企業も色々調べることができそうです。何より宮田さんがインサイダー情報や表に出ていない情報を使っているのではなく、公開情報から分析しているのを聞いて、自分も頑張れそうな気がしてきました。

◇決算書を「読み解く視点」を増やそう

企業の一次情報の取り方もわかったようなので、次に決算書についての大まかな「見方」を教えておきましょうか。

ふふふ、ナメないでください。簿記で勉強をしたので、最低限の知識はあるつもりです。と言いたいところですが、会計を学んでも、実際の決算書を見てわからないからこうなっているんですけどね。

なるほど。自転車にどうやって乗っているのかを口で説明するのは難しいですよね。

だから、自転車に乗れる人でも、子どもに自転車の乗り方を教えるのは難しかったりします。決算書も同じです。**実際、決算書をどう見るかを言語化するのは意外と難しいんです。**中村さんって、決算書をどうやって見ていますか？

簿記で学んだ知識でもいいですよ。

そうですね……。**まずは売上高を見ますね。後は利益ですかね。**他にも総資産とか純資産も見たりします。そんな感じですかね……。でも、そういった見方をするから、実際の決算書を見ると歯がたたないんですよね。
宮田さんは、決算書をどのように見ているんですか。

いい質問であると同時に、答えに困る質問ですね。というのも、その質問に対する答えは、人それぞれだからです。統一的な見方はないといいましょうか。でも、ここで一つ重要なことがあります。**それは「見方を増やす」ということです。**

どういうことですか？

文字通り、決算書には見方が色々あります。立場や視点によって見方が変わるのです。**銀行が融資をするかどうか判断する時と、投資家が株式投資をする時の決算書の見方って同じだと思いますか？**

えっ？　同じじゃないんですか？

私は銀行と投資ファンドの両方で働いたことがありますが、見方は全然違いましたよ。中村さんは転職をするにあたって、企業の決算書を読みたいってことでしたよね。そうなると、決算書の見るべきポイントは当然、変わってきます。

確かに言われてみればそうですね。同じサイコロでも見る角度によって、1が見えたり、2が見えたりしますもんね。

そうです。**だから企業の見方や分析については、人によっては言っていることが違っ**

たり、見方が違うのはある意味当然なんです。それだけ企業は複雑だからです。だから、まずは複数の見方があることを知って、そのうえで、時と場合に合わせてどの見方が重要かを押さえるのがポイントになります。

◇銀行員は、決算書の「どこ」を見るのか？

でもそんなにたくさんあると困っちゃいますね。覚えられる自信ないです。

心配ないですよ。細かく言うと見方は色々ありますが、大きく分けると決算書の見る際の視点は3つだけです。**それは、負債、純資産、そして、資産それぞれの利害関係者の視点です。**

利害関係者の立場によって見方は変わるということですか？

そう。ともあれ、論より証拠ですね。負債の視点から見てみましょう。負債は英語で

はデット（debt）と言います。業界の人はデットという表現を使いますから、以下では負債はデットと呼びましょう。**さて、デットの利害関係者は誰だかわかりますか？**

デット、つまり負債で……、借入が主だから銀行とかですかね。

まさに、銀行が主な利害関係者になります。他にも、企業が社債を発行している場合は、社債を購入する投資家もいますし、買掛金、未払金等というのも、取引先に支払う必要があるものだから、取引先の企業等もデットにおける利害関係者になります。

そうか。そう考えるとイメージが湧いてきました。

ここでは具体例として銀行を考えましょう。**銀行の立場から企業の決算書を見た時に、最も大切なのは企業の安全性なんです。**

預金者から預かったお金を貸して、返ってこなかったら大変ですもんね。

だからデットでは、何よりもまず貸したお金が返ってくるかの視点で企業を分析することになります。企業の安全性分析で言うと、たとえば**B／Sの観点では、自己資本比率、流動比率**[29]。**P／Lの観点では黒字になっているかどうか**です。

さらには今後利益を継続的に生み出せるとして、**どのぐらいの期間で借金を返せるか**も大事な判断材料になります。

他にもC／Sを確認する中で、資金繰りに問題がないかチェックもします。なので、デットの立場からすると究極的には潰れないかが重要ということになります。

これって転職の観点でも使えそうですね。働く企業の経営が傾きそうだと安心して働けないですもんね。

そうそう。以前、「どうなると企業は倒産するか」って話をしましたよね。**究極は資**

【29】脚注8を参照のこと。

金繰り。だからデットの分析では、安全性が何よりも大切になってきます。

◇株式投資は、決算書の「ここ」を見よう

2つ目は純資産の視点。純資産の立場は、業界ではエクイティ（equity）と呼ばれています。ここでもエクイティという言い方でいきましょう。エクイティの見方は、株主の立場から見ることです。**たとえば、中村さんが株式に投資をするとして、どういった点を重視したいでしょうか？**

うーん。やっぱり株式投資をするならば、株価が上がるかどうかですね。投資して儲かりそうなところに投資をしたいですもん。

株価が上がるとして、上場株式の投資には、大きく分けると2つの投資スタイルがあります。一つは、**成長著しい銘柄に投資するスタイルのグロース株投資**。もう一つは、**他の企業と比べて割安な銘柄に投資をするバリュー株投資**。同じ株式でもグロー

ス株とバリュー株では見方が違います。中村さんならどっちがいいですか。

それなら成長が見込めるグロース株ですね。やっぱりガンガン成長している株に投資したいです！

ちなみに前に相談してもらった時、メルカリの決算書を見て心配していましたよね？　メルカリは典型的なグロース株ですし、赤字の期間が長かったですよ。

あ、確かに……。その時は、「安心して働く」ことだけ考えて、デットの観点で企業分析すればいいと思っていましたが、株式投資となると見方がまったく変わってきますね。**しかも、グロース株とバリュー株についても、株式という同じ枠組みだとしても見方はまったく違いそう……。**

よく気がつきましたね！　その通り、同じ株式投資でも見るべきところは変わってきます。**グロース株で言うと、短期的な利益よりも売上高の成長率やＰＥＲ、ＰＳＲと**

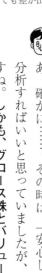

いった指標が大切になってきます。他方、割安かどうかが重要な**バリュー株だと他社と比べて利益が出ているのに、時価総額が低かったり、ＰＢＲやＰＥＲが低いといった株が狙い目**です。これがエクイティの視点です。

さらに言うと、同じ株式投資でも、ベンチャーキャピタルのように赤字だけど今後成長が期待できるスタートアップ企業に投資するスタイルと、ハゲタカファンドと揶《や》揄《ゆ》されるようなプライベートエクイティファンド、平たく言うと買収を生業《なりわい》にするような投資スタイルでもまったく決算書の見方は変わってきます。前者はどちらかというとグロース株に近い見方、後者はバリュー株に近い見方です。

なるほど、今後成長が見込めるから赤字でもガンガン投資している企業に対して、デットの銀行目線で「安全性が低いからダメだ」「利益が出ていないからけしからん」という分析をしても意味ないですよね。

そうなんです。だから決算書を見る場合には、デットの目線かエクイティの目線かでまったく違ってくるし、押さえるべきポイントも変わってきます。

昔、銀行で中小企業向けに融資の仕事をして働いていた頃、親戚から「儲かりそうな投資信託や株があったら教えてほしい」とよく言われました。インサイダー情報は話せないのはもちろんとして、普段は上場していない中小企業向けの融資をデットの観点から見ていたこともあり、「儲かる株」って聞かれても正直困ったんですよね(笑)。もちろん、「いやー、インサイダー情報なので……」って言葉を濁しましたが。

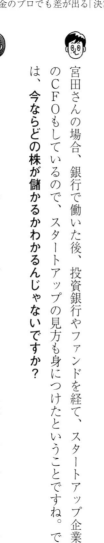

◆「デット」と「エクイティ」は利益が相反する

宮田さんの場合、銀行で働いた後、投資銀行やファンドを経て、スタートアップ企業のＣＦＯもしているので、スタートアップの見方も身につけたということですね。では、**今ならどの株が儲かるかわかるんじゃないですか？**

そうきましたか。話の持って行き方がうまいですね。個別具体の銘柄の話はしないですが、考え方は伝えておきましょう。

結論を一言でいうと、リスクとリターンの取り方によります。グロース株投資をすれば、大きなリターンを見込めますが、同時にリスクも大きいです。他方、バリュー株はどちらかというと手堅い投資だから、相対的にはグロース株ほどのリターンは見込めないことが多いです。

大事なことは決算書の「見方」をたくさん知って、「この投資にはどういった決算書の見方が適切か」を知ることです。

さらには**自分の投資スタイルを知る、言い換えると自分はどれだけのリスクを取ってどれだけのリターンを得たいのかを自分で納得することですね。**

あとは、これらの見方を踏まえて、どういった組み合わせをするかです。いわゆるポートフォリオをどう組むかってことですかね。

そういう意味では自分はまだ考えがブレブレですね。手堅い事業をやって倒産の心配はないけど、グロース株のようにガンガン成長していくような株に投資をしたい。でも、そんな都合のいい話はないですよね。うーん、難しい。

ところでさっき言ってた安全性の分析はどうですか？

もちろん株式投資でも安全性は大事です。でも、たとえばある企業が新規事業に取り組んでうまくいけば大きな利益を得て、失敗すると損失が出るとしましょう。デットとエクイティの立場ならば、それぞれどうとらえますかね。

デットの立場ならば、下手《へた》に新規事業をやらずにむしろ安全性重視の方がよいですね。でも、エクイティの立場ならばリスクを取ってでも、リターンを得るというのはアリかも、です。

ですよね。どちらが正しいというわけではないですが、**デットとエクイティは、利益が相反する場合があります。**それはデットとエクイティの性質に起因しています。

デットから見た場合、借入金を例に取ると、予め決められた元本と利息しか返ってこないため、追加でのリターン、すなわちアップサイドがないんです。事業が成功しても失敗しても得られるリターンは同じです。ということは**デットからするとリスクを取らない方がいい。**

でも、エクイティの立場でいうと、新規事業や投資が成功するとその分多くのリタ

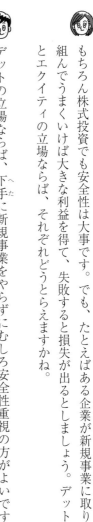

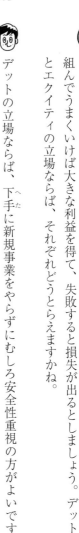

ーンが見込めることになります。となると、**リスクを取ってでもリターンを獲得するというのはエクイティからすると合理的**ですよね。

こう考えると同じ企業でも、デットから見るかエクイティから見るかで、**経営のあり方そのものが変わってくる感じがします**。デットとエクイティの視点はよくわかりました。じゃあ、**最後の資産はどういったものでしょうか？**

◇転職に役立つ決算書の読み方

資産は英語ではアセット（asset）と言います。なので、アセットから決算書をどのように見るかを考えましょう。改めて整理すると、デットは主に銀行の立場、エクイティは主に株主の立場でしたよね。では、最後のアセットって誰の立場でしょうか。

そう言われるとちょっとわからないですね。

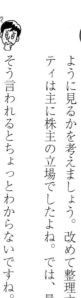

アセットの視点というのは、事業会社そのものの立場です。自社から見た場合、決算書をどう見るかです。

自社から見た場合ってどういうことですか？

たとえば、中村さんの今働いている企業って、何人ぐらいの従業員がいて、平均年間給与はいくらで、さらに毎年どのぐらい投資をしているかって知っていますか？

ざっくりとはわかりますが、詳しくは……。

アセットサイドから決算書を見るというのは、そういった戦略を含めた企業の見方を知るということです。具体的には、有価証券報告書を見ましょう。経営陣は誰がいて、どういった経歴なのかもすべて載っています。

アセットの立場、すなわちビジネスサイドから決算書を見るなら、こういった点を押さえることが重要です。たとえば取引先の取締役や執行役員が変わったらどんな影響がありそうですか？

役員が変わると戦略の方針が変わったりしますね。そういえば、最近取引先の営業担当の役員が変わって、営業部長も変わって、急に取引の予定も変更して、隣の部署が混乱していましたね。

そうそう。そういうのって、自社や取引先だからリアルにわかることなんです。もちろんデットの視点やエクイティの視点でもこういった情報は確認します。ただ、たとえば銀行や個人投資家がそういったところまで解像度高く把握するのは簡単ではないですし、何よりイメージしにくいんです。その点、会社で働いている人たちは取引先の担当者の顔がわかっていますし、自社や取引先の情報がイメージしやすいんです。

決算書をそういった視点で見たことはなかったですね。ってことは転職先の企業を見る際、転職先候補の企業の役員にはどういう人がいて、どんな経歴なのか、どんな取引をしているのかを知ることが大切になってきますね。

いいですね！　役員の経歴を見ることで、役員には内部昇進の人か、転職組が多いのかもわかります。**買収された企業の場合、親会社からの派遣も多いので、こういうのを確認することは、キャリアを考えるうえでも大事ですよ。**

まさか決算書にそんな見方があるとは知りませんでした。

他にも国内支店や海外支店の数や場所、子会社や関連会社を把握しておくことで、**将来的にどういった場所で働くことになるのかもチェックできますね。**こういうのって、「究極の自分事」だから、銀行や株主よりも自社の従業員の方が意識して確認するようになります。

取引先も同様で、取引先の決算書をアセット視点で見れば、どういったところに支店や工場を持っているのか、予算はどのぐらいありそうなのかを把握できます。関連で、取引先や競合先のプレスリリースも確認することは重要です。これもアセット的な見方といえます。

デット的な見方で、企業の安全性はもちろん大事ですが、支店や関連会社を押さえることは、転職する際や実際に企業で働くにあたっては重要な情報ですよね。

中村さんは「決算書はどこから見ればいいかわからない」ということでしたが、アセット視点で言うと、決算書を見るにあたっては、まず企業の平均年間給与が気になるんじゃないでしょうか。

確かに。めちゃくちゃ気になります。

上場企業が開示している有価証券報告書には平均年間給与は載っていますし、そういった見方も押さえた方がいいですね。

◇会計士は、決算書の「どこ」を見ているのか？

立場によって押さえるべきポイントは当然変わってくることはよくわかりました。じゃあ、**会計のプロである会計士って決算書のどこを見ているんですか？**

改めて整理しましょう。デットは主に銀行が融資を判断する際の視点でした。そこで主に大事なのは安全性。倒産しないかどうかや貸したお金が返ってくるかです。そういう意味では、ガンガン投資をして赤字を垂れ流して成長をするより、着実に利益を生んでほしいという見方になってきます。

エクイティは、いかに成長するかや割安になっているかが重要になります。株価が上がる際に見るべきポイントとも言えます。

アセットは、事業的な視点、つまり、実際のビジネスの戦略や人員、支店、給与等を確認するような見方です。

でも、会計士の見方はこのどれでもありません。そもそも前提が違います。

前提が違うってどういうことですか。

デット、エクイティ、アセットの視点はどれも「決算書は正しい」という前提で見ています。**でも、会計士はその手前。「決算書が正しいかどうか」の視点で見ています。**都合よく見せるように（恣意的に）操作していないかをチェックしているのです。

会計士って、そういう仕事してたんだ！

だから会計士が見ているのは、「目標利益を達成できるように、架空の売上高を計上していたり、費用を少なく見積もっていないか（粉飾）」「税金を少なくするためや次年度に利益を残しておくために、売上高を過少に計上していたり、費用を多めに見積もっていないか（逆粉飾）」といった視点なのです。

言い換えると、「決算書が世に出ても問題ないか」という観点です。

デット、エクイティ、アセットにしろ、決算書の数字が正しい前提で分析することになりますが、その数字が間違っていたら、適切な分析はできないですもんね。

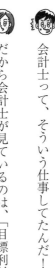

そう、だから会計士のような監査の視点は大事なのです。世に出ている決算書に関して、「これって実は粉飾決算じゃないか」といちいち疑っていたら、いくら時間があっても足りませんからね。

もちろん、粉飾決算は起こり得るので、決算書の数字が絶対に正しいと言い切ることは難しいかもしれません。とはいえ、会計と数字のプロ中のプロである会計士が監査をしてくれているので、決算書を信頼することも大事だと言えます。

これまで見てきたように「決算書の見方」といっても、立場や視点によって見方が変わることは、わかってもらえたでしょうか？

わかりました！　そのうえで大事なのは「見方を増やす」ことでしたよね。

はい。もちろん、デット、エクイティ、アセットの見方に加えて、会計的な視点の見方だけでなく、未来とキャッシュを重視するファイナンス的な視点での見方も大事ですよ。「見方を増やすことで、自分にとっての味方も増える」って感じですね。

うまいこと言いましたね！　決算書の見方を増やして、自分の味方を増やしながら、視野を広げて転職活動を頑張ります！

第5章まとめ

- 「有価証券報告書」「決算短信」「決算説明資料」で一次情報をチェック
- 非財務情報が掲載されている「統合報告書」を見てみよう
- 証券会社の分析ツールや経済メディアツールを使いこなす
- 「デット」と「エクイティ」は利益が相反する場合がある。お互いの性質をよくふまえて決算書を分析しよう
- 企業の戦略を知りたいなら「アセット」の見方を重視しよう

第6章

世界初の「ESG経営」エーザイは、何がそんなにスゴいのか？

先日（第5章）、一次情報の調べ方について、宮田さんから有益な情報をもらった中村さん。非財務情報の話が出てきた時、ＥＳＧについてもっと聞きたかった。

テレビでも、雑誌でも、ネットニュースでも、どこを見ても目に飛び込んでくる。

でも、なぜこんなに騒がれるのかがわからない。

なんだったら、ＥＳＧに取り組んでいる企業も、「流行っているからやってる」くらいのノリなんじゃないか？

でも、宮田さんがこの前、大事だって言ってたしな……。

宮田さん、その言葉の意味、教えてください！

◇ＥＳＧの主役は誰？

やたらとＳＤＧｓとかＥＳＧといった言葉を聞くんですが、よくある流行りの言葉ですかね、宮田さん。特に最近の若手は環境や社会にとても関心を持っているらしいです。いわゆるＺ世代とかいうやつですね。

かくいう、中村さんもZ世代と年が近いのでは？　まあ、確かにＳＤＧｓやＥＳＧはよく聞きますが、ただの流行りではないですよ。**特にＥＳＧについて今後のファイナンスや経営における新しい潮流になることは間違いないです。**

ところで、中村さんは、ＳＤＧｓとＥＳＧの違いってわかりますか？

先日は話に合わせてわかったフリをしていましたが、実は「地球環境をよくするアレ」ってくらい、理解が雑なんでわかりません。

なるほど。まずＳＤＧｓは、**Sustainable Development Goals（持続可能な開発目標）の略で、国連が定めた２０３０年までに達成したい17の目標のこと**です。

では、ＥＳＧはどうでしょうか？

Environmentの環境とSocialの社会はなんとなくイメージできるんですよね（というか前回答えを言っていたような……）。わからないのがＧなんですよね。Governmentで政

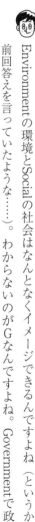

府とかでしたっけ？

おしい！　ＥとＳはあっていますね。ＧはGovernmentじゃなくて、ガバナンス（Governance）なんです。ガバナンスって意味はわかりますか。

そうだ！　企業統治だ。企業の不祥事が起きないよう会社の体制を整えることだ。

まさにそのガバナンスですね。

で、そのＳＤＧｓとＥＳＧってどう関係してるんですか？

ＳＤＧｓはGoalという言葉が入っていることからもわかる通り、目標なんです。そして、この目標を達成する手段の一つとして存在しているのがＥＳＧです。

なるほど、それならよく聞くＳＤＧｓをとりあえず押さえておけばよいですかね。

いや、**むしろ世界の流れにおいては、ＳＤＧｓよりもＥＳＧの方が注目されています。**グーグルトレンドでＥＳＧとＳＤＧｓを比較してみるといいですよ。日本以外の欧米やアジアの国のほとんどではＥＳＧの方が注目されていることがわかります。

そうなんですね。日本ではＥＳＧよりもＳＤＧｓの方が注目されているのに、なんで世界だとＥＳＧの方に関心が向いているんですか？

一番大きいのは、お金の流れが変わるからですね。

お金の流れだって⁉

いいリアクション、ありがとうございます。**ＥＳＧってそもそも誰が主体的に行うかわかりますか？**

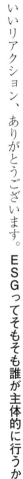

そりゃ企業ですよね。ガバナンスって言葉があるくらいですし。環境や社会に配慮して企業は事業を行っていきましょうってことですよね。

昔で言うＣＳＲ（企業の社会的責任）みたいなもんじゃないんですか？

今、中村さんが言ったのは、いわゆるＥＳＧを踏まえた経営と言える「ＥＳＧ経営」ですね。

でも世の中において、ＥＳＧと言えばＥＳＧ投資のことです。すなわち投資家起点のことです。

なんで、投資家がいきなり出てくるんですか！　投資家って企業の株式や債券に投資する人たちなのに。全然意味がわかりません。

その疑問、もっともですね。よし、今日はその説明をしましょう。

◇アップルでは、ＥＳＧを無視すると取引打ち切り⁉

ＥＳＧ投資が、投資家起点って、そもそもどういうことでしょうか。

２００６年に、当時の国連事務総長だったコフィー・アナンが機関投資家に対して、責任投資原則（ＰＲＩ）を発表しました。そこにＥＳＧについての言及があったことが、そもそもの始まりです。

責任投資原則って何ですか。そんなに大事なものなんですか？

それが、とても大事なんです。まず機関投資家というのはわかりますか？　主に生命保険会社や年金基金の加入者などからお金を集めて運用する投資家のことです。[30]

　機関投資家は受託者として、受託者責任をもたなければなりません。つまり、お金を預けている人たち、生命保険で言うと生命保険加入者、年金基金でいうと年金加入者である**委託者の利益を図る必要がある、ということです。**

この責任を果たすための原則が、先程話されていたPRIですか？

その通り！　大まかに言うと、PRIには「ESGを考慮に入れて経営をしている投資対象に投資をしましょうね」ということが次のように書いてあります。

・私たちは投資分析と意思決定のプロセスにESGの課題を組み込みます。
・私たちは活動的な（株式）所有者になり、所有方針と所有慣習にESG問題を組み入れます。
・私たちは、投資対象の主体に対してESGの課題について適切な開示を求めます。
・私たちは、資産運用業界において本原則が受け入れられ、実行に移されるように働きかけを行います。
・私たちは、本原則を実行する際の効果を高めるために協働します。
・私たちは、本原則の実行に関する活動状況や進捗状況に関して報告します。

こうして、財務情報だけをもとにするのではなくて、環境・社会・ガバナンスの非財務情報も考慮して投資するようになっていったんです。

そういうことか。でも、これって機関投資家の話ですよね？　この流れがどのように企業と関係してくるんですか？

ＰＲＩに基づいて、機関投資家はＥＳＧといった非財務情報も考慮に入れて投資をするようになりますよね。そうすると、企業は投資を受けるために、ＥＳＧの課題に取り組むことを重視するようになります。そして、取引先にもＥＳＧを求めることになるのです。つまり、**機関投資家の行動がＰＲＩを踏まえたものになることで、企業の行動も変わってくる**のです。

【30】機関投資家にはアセットオーナーとアセットマネージャーの2種類が存在する。アセットオーナーとは、資産の保有者となる機関のことであり、年金基金や生命保険会社等が該当する。アセットマネージャーは、資産の運用者となる機関であり、投資信託会社や信託銀行等が該当する。

なるほど。この流れってもう結構進んでいるんでしょうか。

世界的にはかなり進んでいますね。実際、ＰＲＩに署名をしている機関は、２０２１年７月時点で、世界で４０００機関以上、日本でも90機関以上です。これらに署名した機関の運用残高は１２１兆ドル、日本円で１京３０００兆円を超える金額です。

一京なんて単位、小学生以来ですよ、聞いたの。これだけの投資家が署名をしているならば、確かに影響は強そうですね。

最近は、ＥＳＧの観点を踏まえた取引も進んでいます。たとえば、アップルは、アップル監査と言って、取引先のサプライチェーンに関係する企業に対して、労働環境、人権、環境への配慮等厳しい制約を設けています。**アップル監査に耐えられないと当然アップルとの取引は打ち切られることになります。**

企業活動にも大きな影響があるんですね。これって海外ばかりなんですか？

日本でもＥＳＧ投資の影響は増《ま》しています。世界で最大クラスの機関投資家で186兆円もの資産運用額を擁《よう》するＧＰＩＦ（年金積立金管理運用独立行政法人）が2015年にＰＲＩに署名をしました。これが呼び水となって、**日本の機関投資家のＰＲＩへの署名は増えています。**

なるほど。じゃあ、銀行とかはどうなんですか。銀行も、お金を貸す前に、融資先の非財務情報を踏まえて検討をしているのでしょうか？

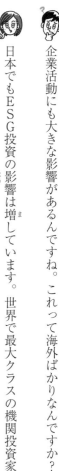

銀行向けの原則として、責任銀行原則（ＰＲＢ）というのもあります。日本ではメガバンク3行のグループはもちろん署名していますし、この動きは今後も加速していくと思われます。

なるほど、このＥＳＧの流れは不可避ですし、今後ファイナンスの世界では主流になっていきそうですね。

◇売上高は業界6位でも、市場価値は「大逆転」

ＥＳＧ投資の概要はわかったんですが、**企業の競争力や企業価値の向上にどう影響するのか、ちょっとよくわからないんですよね。**

ＥＳＧ経営を深く知るうえで、製薬会社のエーザイが参考になります。

エーザイですか。製薬会社といえば、武田薬品、アステラス、第一三共が強いイメージでした。エーザイもたしかに有名ですが、製薬会社の上位とはちょっと差があるような印象です（図表6−1）。

詳しいですね。

図表6-1　売上高

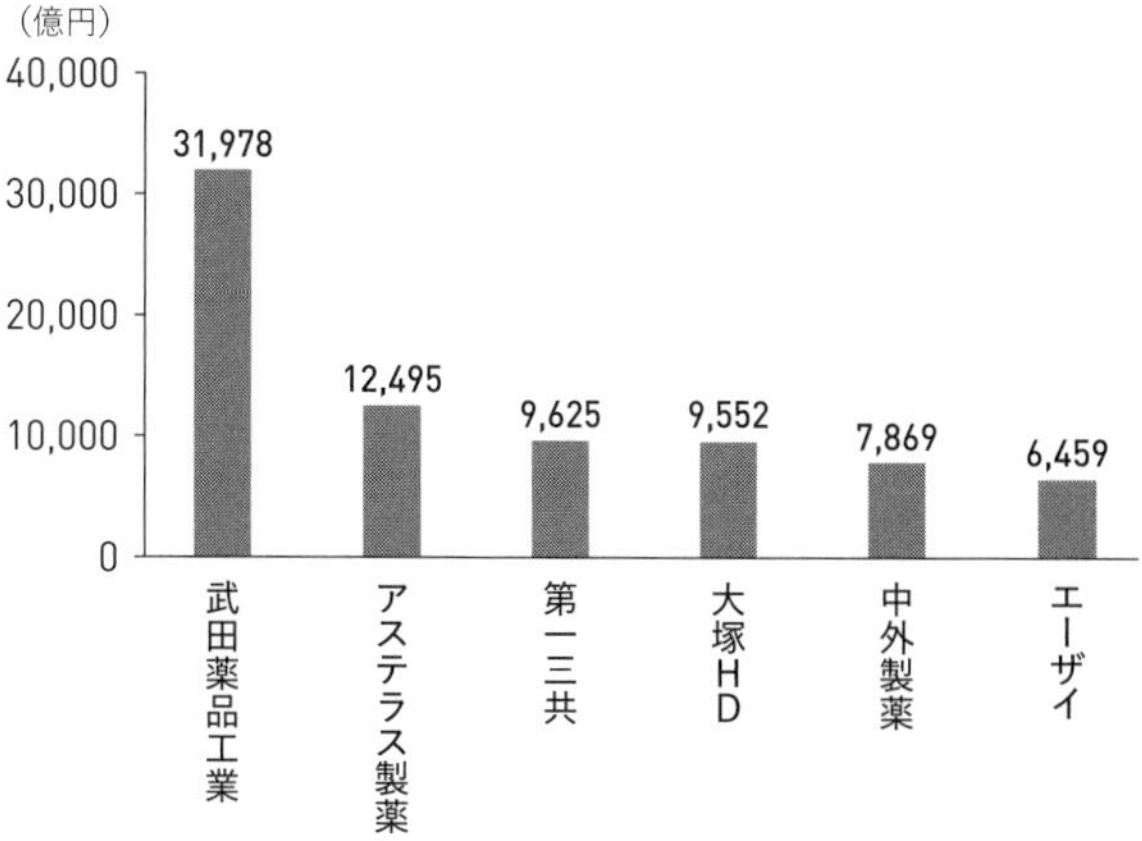

図表6-2　PBR

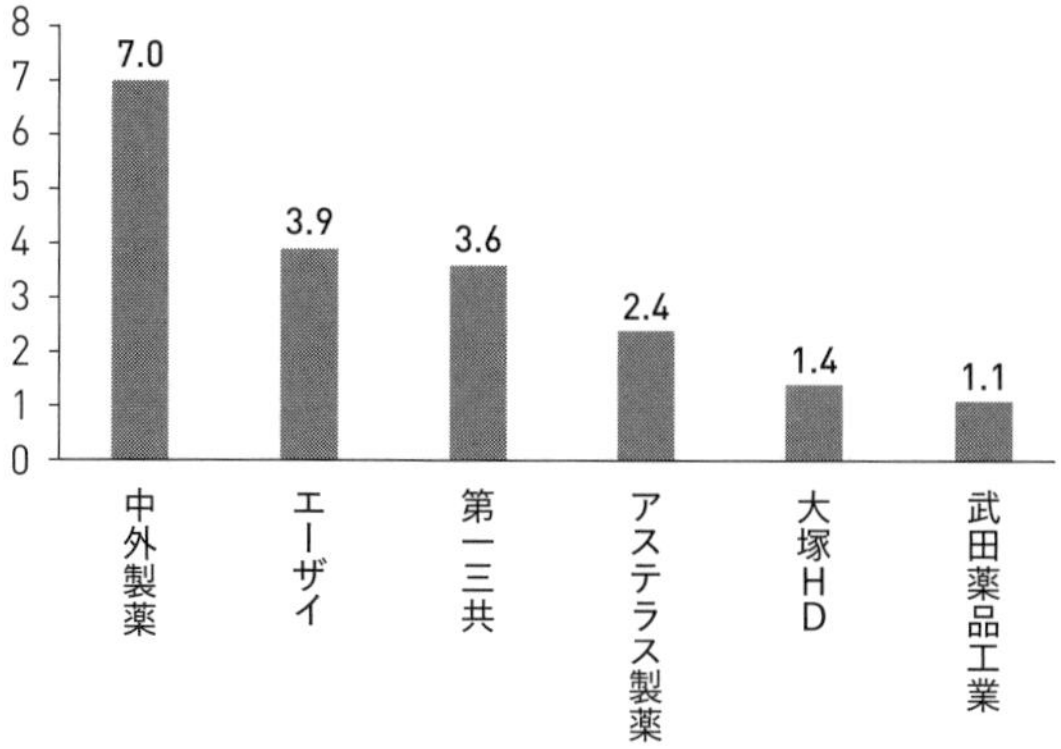

一応、製薬メーカーも受けようと就職活動もしたんです。その際に色々調べました。

実際に数字で見ると、2020年度の各社の売上高でいえば、武田薬品、アステラス製薬、第一三共、大塚ホールディングス、中外製薬に続く6番手ですね。2021年3月期、1位の武田薬品の売上高は約3・2兆円に対して、エーザイの売上高は、6500億円程。当期純利益でも同じく6番手になっています。

売上高と利益は、ともに上位とはちょっと差がありますね。

はい、会計的な視点ではそうですね。そして、ファイナンス的な視点である時価総額は、2・7兆円と5番手。1位は中外製薬の6・9兆円、そして2位の武田薬品5・8兆円と続きます（2021年8月11日時点の株価より）。

時価総額で見たら少し上がりましたが、まだ差がありますね。

これまで学んできたように、ファイナンス的な視点は時価総額だけではないですよね。他には何を見ればよかったでしょうか。

そうか。ＰＢＲやＰＥＲですね。

そうですね。**ＰＢＲで見ると、エーザイは業界２位になります**（図表６−２）。**ＰＥＲだと１位です**（２０２０年８月11日時点の株価より）。

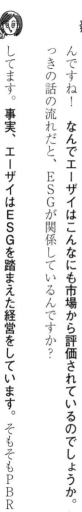

◇エーザイの「数値では測れない魅力」

会計的な成績では上位層と差はあるのに、ファイナンス視点だとトップクラスになるんですね！　**なんでエーザイはこんなにも市場から評価されているのでしょうか。**　さっきの話の流れだと、ＥＳＧが関係しているんですか？

してます。**事実、エーザイはＥＳＧを踏まえた経営をしています。**　そもそもＰＢＲってSlack（第3章）の時に見たように、純資産の簿価と時価を比較したものでしたよね。ということは、**簿価を超える部分は、財務情報では必ずしも反映されていないものだと考えられます。つまり、非財務情報なんです。**

たしかに、優秀な人材を抱えていたり、ブランド力を有していたとしても、財務諸表には必ずしも反映されませんね。簿記でもそういった仕訳は出てきませんでした。

実際S&P500企業で、財務諸表に現れる有形資産と、直接的には現れないこともある無形資産の構成を分析したレポートでも、時価総額において、有形資産の価値はわずか10%で、90%は無形資産によるものと見られています。

なるほど。ということは、PBRが1を超える部分が非財務情報で、無形資産から構成されるというものですね。

そうなります。エーザイに話を戻しましょう。先程見たようにエーザイは財務諸表の評価だけだと売上や利益は、トップ層と差がある。でもＰＢＲやＰＥＲといった指標**では評価が高かったですよね。これってどういうことだかわかりますか？**

えーっと、**企業の非財務情報を市場や投資家が評価しているってことですよね。**でも、それって何をもとに判断しているのでしょうか。

一言で言うとE、S、Gそれぞれの課題にどう取り組んでいるかということなんです。「環境、社会、ガバナンス」は、企業が今、抱えている最も長期的なリスクと言えます。

たとえば、今後気温が上がり、それによってさまざまな気候変動リスクが高まることは科学的にも証明されていて、原因は人間によるものと断定されています。社会の変化についても同様で、人口動態の推移をふまえれば、今後どのような社会になるのかはある程度予想できます。

　これらのリスクは、「バブルの崩壊」や「ＧＤＰの低下」などと比べると予見しやすく、長期的には対処が可能ですよね。逆に言うと、これらの課題に何も対処しないのは企業にとって大きなリスクとなります。別の言い方をすると事業の持続可能性に課題が出てくるのです。**つまり、ＥＳＧの課題に適切に向き合えば、企業が抱えるリスクを軽減できるということなんです。**

企業のリスクが下がるって、どういうことですか？　倒産しないとか？

良い質問ですね。ファイナンスで考えれば、企業価値は究極的には２つの要素から構成されます。**具体的には「将来生み出すと予測されるキャッシュフロー」と「割引率」。**単純化すると企業価値は次のように計算できます。

企業価値＝将来生み出すと予測されるキャッシュフロー÷割引率

たとえば、将来（毎年）継続的に生み出されるキャッシュフローが1億円として、割引率が10％ならば企業価値は10億円になります。

この割引率という概念がわかりづらいんですけど、ざっくりいうと企業のリスクを反映したものになります。ここで言うリスクとは、将来に生み出されるキャッシュフローに与える不確実性のことを言います。**事業におけるリスクが小さい企業ほど割引率が低く、リスクが大きい企業は割引率が高いことになります。**

ここでESGに話を戻しましょう。企業がEとSとGの課題にきちんと取り組むとどうなるのか。これは煎じ詰めれば、**「企業が抱えている、あるいは今後直面するであろうリスクが緩和される」ことになります。このことが、長期的には企業価値の向上につながる**と考えられるのです。

◇時代に先駆けた「パーパス経営」

これまでのお話をざっくりまとめると、**ESGの課題に向き合うことで、長期的なリスクを軽減できる。そのことが、割引率を低下させ、企業価値の向上をもたらす**ということですよね。

で、なんでエーザイはそれがそんなにうまくできているんですか？

ＥＳＧ投資の考え方自体は、２００６年に生まれたものですが、**エーザイはそのず〜っと前からＥＳＧ経営的な取り組み、すなわち環境、社会、ガバナンスを踏まえた経営をしてきたと考えられます。**

エーザイの「ヒューマンヘルスケア（ｈｈｃ＝human health care）」って聞いたことありますか？

エーザイのＣＭでいつも最後に聞くやつですね。聞いたことあります。

ｈｈｃという言葉はフローレンス・ナイチンゲールの精神に由来しています。ナイチンゲールはご存知の通り、患者の視点でものを見ること、患者の声に耳を傾けることから看護は始まるという信念を持って献身的な看護活動にあたり、公衆衛生の発展に貢献した偉人です。エーザイはその精神を受け継いでいるんです。

ほえ〜。でも、それって他の製薬会社にもある理念なのでは？

そうとも限りません。というのも製薬会社は従来、医師や病院に重点を置く傾向にあるからなんです。

でもエーザイは、医療の主役はあくまで患者とその家族だと考えています。エーザイの使命は「患者様満足の増大（人の命を守り、健康を維持すること）」。同社のＣＦＯである柳良平氏は、これはＳＤＧｓ目標の一つだと指摘しています。

もちろん、エーザイは「患者中心」をただの掛け声で終わらせてはいません。エーザイでは世界中の社員が就業時間の１％を用いて、患者とともに過ごすことを推奨しています。

さらに、スゴいのはパーパスという自社の存在意義を意識した経営をしていることです。このエーザイのｈｈｃというパーパスとも言える考えは、エーザイの定款《ていかん》にまで入っています。定款を変えるためには、株主総会の特別決議を経て株主の２／３以上の賛成が必要になります。このような高いハードルを上場企業であるエーザイはすでに２００５年に実現をしていたのは驚きです。定款にパーパスが書かれたのは世界初とも言われています。

エーザイのまわし者なんじゃないかってくらい、エーザイへの愛がスゴい。

いや、前に住んでいた家の近くにあったんですよね、エーザイの本社。つい気になっちゃいまして、色々と調べてしまいました。

◇非財務情報を、「数値化」して考える

で、具体的にエーザイはどんなことをやっているんですか？

エーザイは独自のＲＯＥＳＧモデルを用いています。このＲＯＥＳＧは２つの視点を有しています。**一つは、「適切に利益を出せているか」という視点。もう一つは「持続可能性をもって経営できているか」という視点。**具体的には次の通りです。

・適切に利益を出せているか　↓　ROE（Return on Equity：自己資本利益率）

・持続可能性をもって経営できているか　↓　ESG

ROEとESGを組み合わせてROESGなんですね！　初めて聞きました。

詳しくはエーザイの価値創造レポート（エーザイ版の統合報告書のようなもの）に書かれていますが、エーザイは、株主価値を株主資本簿価と市場付加価値の2つから構成されると考えたんです。**前者は、いわゆる会計上の純資産。つまり、PBRで言うと1までの部分。他方、後者はPBRが1を超える部分。つまり、非財務情報です。**

改めて、PBRってとても大事なんですね。

そうなんですよ。**でも非財務情報のままだと結局何かわかりませんよね。**そこで、エーザイでは、非財務情報を次の5つの資本に分解して考えています。

・知的資本：知的財産権や暗黙知を含む知識ベースの無形資産

- 人的資本：従業員の能力、経験、意欲など
- 製造資本：製品・サービスをつくり出す能力
- 社会・関係資本：社内外の人的ネットワーク
- 自然資本：エーザイが製品・サービスを提供するうえで利用できるあらゆる環境的リソース

これらは確かにいずれも財務諸表には直接表れませんが、ビジネスを行ううえでめちゃくちゃ大事ですね。うん……そうか、これを可視化できれば、**ＰＢＲの１を超える部分、つまり非財務情報を分解できるんですね。**

御名答！　エーザイはＲＯＥＳＧの考えを応用して、ざっくり言うと「ＰＢＲを高めるためには、非財務情報のどの項目にテコ入れすると効果的なのか？」という点を重回帰分析を用いて分析したんですよ。

重回帰分析って何ですか？

統計学や計量経済学で用いられる手法のことで、「どの要素が、目的とする数字に大きく貢献しているか」を分析するものです。

そうなんですね。ということは、どの非財務情報がＰＢＲの向上につながるかを分析するということですね。これがわかると、経営の舵取りもだいぶ変わってきますね！

そう。その結果として、エーザイは次のような結論を導き出しました。

- 人件費投入を１割増やすと５年後のＰＢＲが13・８％向上する
- 研究開発費を１割増やすと10年超でＰＢＲが８・２％向上する
- 女性管理職比率を１割改善（例：８％から８・８％）すると７年後のＰＢＲが２・４％向上する
- 育児時間勤務制度利用者を１割増やすと９年後のＰＢＲが３・３％向上する

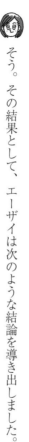

これは、**ＥＳＧに関する取り組みとＰＢＲとの間に正の相関があることを自社のデータを使って解析・開示した世界初の事例なんです。**

面白いですね！　**女性管理職比率を1割改善すると、7年後のＰＢＲが2・4%も上がる結果になったんですね。**ダイバーシティやジェンダーといった観点から、女性の管理職の重要性が叫ばれているものの、正直実際どういった効果があるのかわかりませんでした。でも、エーザイは女性管理職比率の改善がＰＢＲの上昇につながることも示したんですね。

他にも人件費の投入、研究開発費の増加、育児短時間勤務制度利用者の増加等を通じて、それぞれ5～10年の効果を踏まえて、企業価値が５００億～３０００億円も創造されるといった示唆も得ましたよ。

ＥＳＧ経営って社会貢献活動の延長のようなイメージがありました。でも、Ｅ、Ｓ、Ｇに関わるような非財務情報をきちんと可視化して、数字で表すとともに、それらが

ＰＢＲや企業価値にどのような影響をもたらすかまで、分析できるようになっているんですね。しかも、学者が研究のために計算や分析をしたのではなく、企業内部で分析して、経営判断にも活かしているのがスゴい。

◇経営もキャリアも、「自らの課題」を知った先に道がある

先程も説明したように、**今や時価総額のうち、有形資産はわずか10％で残りの90％は無形資産なのです。**この無形資産は、そのままだと基本はＢ／Ｓには計上されません。**Ｂ／Ｓに計上されるなら企業の強みがわかりますが、そうでないから自ら何が評価されているのかを認識することが大事になります。**そこで、エーザイはさっきの５つの資本から非財務情報を分析するようにしたんですね。

なんか就職活動の時の自己分析に近いですね。自分自身、今転職を考えているけど、わかりやすい資格があるわけでもないし、自らのやりたいことやできることをきちんと可視化できていなかったのかもしれない……。

図版6-3　エーザイのマテリアリティマトリックス

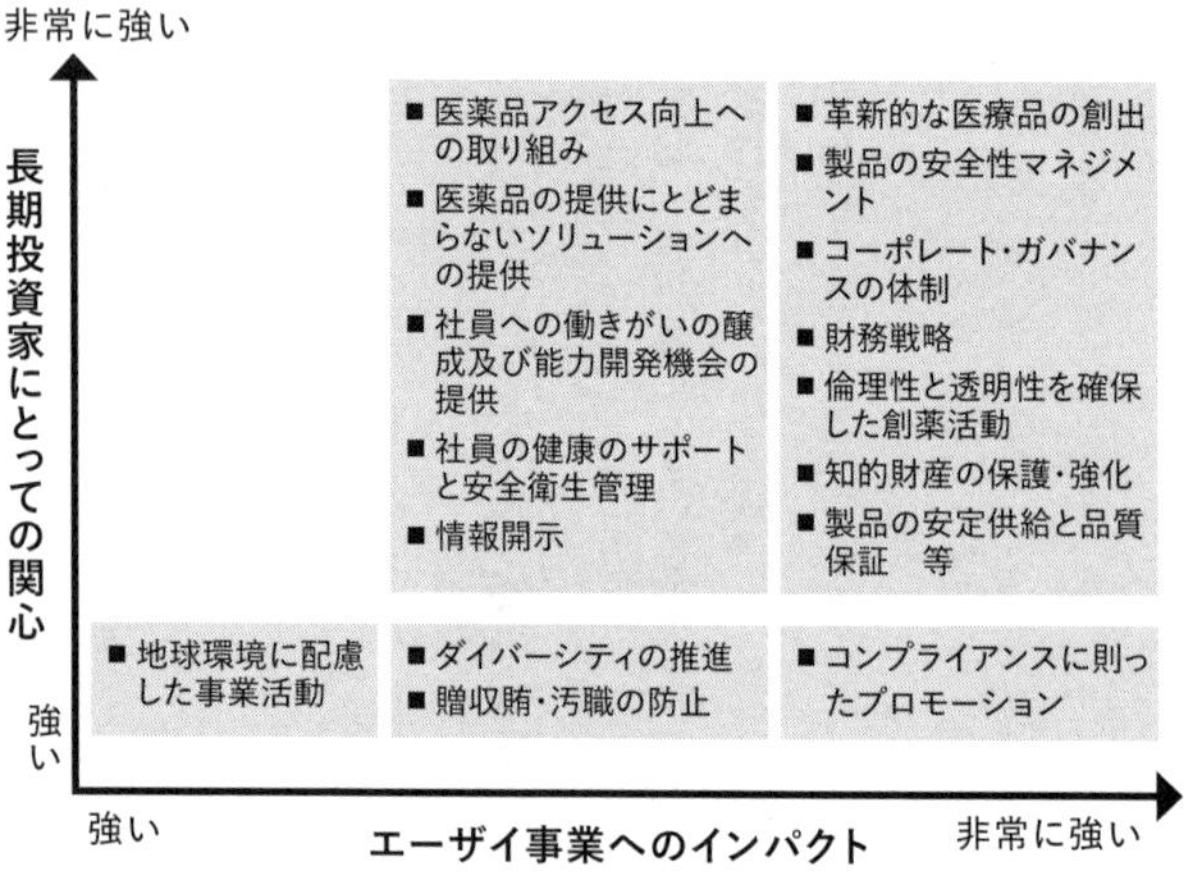

ＥＳＧの課題に取り組むために重要なのは、まず自らの課題を知ること。そしてそのうえで社会の課題も踏まえることなんです。

たとえば、エーザイはマテリアリティマトリックスというものを開示しています（図表6-3）。マテリアリティというのは、経営における重要課題のことを言います。エーザイは横軸に自社への事業のインパクト、そして縦軸に長期投資家の関心をおいて、経営において何が重要か、優先順位づけをしています。

まさか、エーザイの決算書を通じて自分を見つめ直すことになるとは……。

で、中村さんは次、何をしたらいいと思いますか？

自分にとってのマテリアリティと社会のマテリアリティを書いてみて、**自分の非財務情報とも言える「見えない価値」をハッキリさせることですね。**

なんか周りのことばかり気になって自分のことを見失っていました。今になって就職活動時の自己分析の重要性と意義がわかった気がします。エーザイのＥＳＧ経営を参考に、自分でも改めて何がしたいかを考えてみます。

すばらしいですね。応援しています！

第6章まとめ

- ESG投資を通じて、機関投資家の行動が変わり、それに伴い企業の行動も変化する
- ESGの課題に向き合うことで、企業が直面しうる長期的なリスクが軽減し、企業価値の向上をもたらす
- 事業におけるリスクが小さい企業ほど割引率は低く、リスクが大きいほど割引率が高い
- どの非財務情報がPBRの向上につながっているのか、考えてみよう
- 企業の課題、社会の課題を踏まえた経営をしているかどうか確認してみよう

第7章

電通の「本当の値段」はいくら？ 6000億円が吹っ飛ぶ!? 名門企業の大誤算

企業分析も進み、中村さんの転職活動は波に乗り出した。
そんな時、大手広告代理店に勤める友人から転職相談を受けた。
「誰もがうらやむ仕事だろうに……」と思いながら話を聞いていたが、
黙って聞き続けると、友人は会社の業績に不安を覚えているという。
確かに、広告代理店の長、電通でも早期退職を募っている。
名門企業でも、一寸先は闇。また、モヤモヤしてきた。
でも、本当は結構余裕があったりするんじゃないかなぁ……。
宮田さん、ちょっとどう思いますか？

◇2005年、文系就職ランキングトップ10

そういえば、宮田さんが就職活動した時って、どういった企業が人気あったんですか。一応過去の人気企業を踏まえておきたいと思いまして。

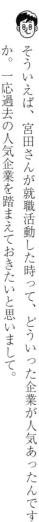

私が就職活動をしたのは２００５年前後で、この時期は、いわゆる就職氷河期が一段落して、景気も少し回復し始めていた時期ですね。色々ありましたねえ。

あまりイメージというか、記憶がないですけど、どんな時代でしたっけ？

経済で言うと、ライブドアがフジテレビの親会社である日本放送を買収しようとしたり、楽天がＴＢＳの株式を大量に保有しようとした時期です。あと、ブログが流行りだしたり、日本のＳＮＳとしてグリーやmixiが使われ始めたのもこの頃です。私もこの時期にブログを始めましたし、グリーやmixiといったＳＮＳを就職活動時代に活用していました。懐かしいですね。

ライブドアってホリエモンが社長だった会社ですよね。ブログやＳＮＳが出だしたのもこの頃なんですね。こういった時期って就職活動ではどういった企業が、人気があったのですか？

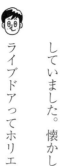

文系の就職人気企業でいうと1位ＪＴＢ、2位ＡＮＡ、3位ＪＡＬ。それにつづき、資生堂、トヨタ自動車、サントリー、積水ハウス、ベネッセコーポレーション、フジテレビジョン、電通という感じでした[31]。

ＪＴＢ、ＡＮＡ、ＪＡＬっていずれも今から見ると新型コロナウイルスの影響を受けた企業ですね。あとはトヨタやテレビ局のフジテレビも入っていますね。電通（現「電通グループ」、以下「電通」）も10位にいるんですね。

私の肌感覚だと、当時はｗｅｂ広告の存在感はまだそれほどなくて、テレビの影響力が大きい時代でした。そういったこともあって、電通はかなり人気があった会社です。特に文系では人気がありましたね。

なんか華やかな感じですし、合コンでもモテそうですよね。

大学の先輩が電通で働いていたのですが、その先輩の結婚式の二次会はすごかったですね。結婚のお祝い動画では、誰もが知っているモデル、女優、タレントがメッセージを送っていました。余興で流れる動画や演出もテレビを見ているようでした。

さすが広告のプロの結婚式は違いますね。でも、電通も最近の業績はやや厳しいようで。

私の就職活動の頃から、「学生に人気の企業は数年後の不況業種」って噂されていましたが、今振り返ってみると、時代の変化にうまく対応できなかったり、外部環境が大きく変わることで、儲かりにくくなる傾向があるかもしれませんね。

では、これまで学んできたことを含めて電通の業績を分析してもらいましょうか。

【31】「2005年度大学生就職人気企業ランキング調査結果発表」
https://career-research.mynavi.jp/wp-content/uploads/2021/03/kigyourank_2006.pdf

◆利益は出さないけど、キャッシュは生んでいる？

やってみます。まず、電通は、直近の売上高が下落していて、営業利益に関してはこの数年右肩下がりです（図表7-1）。特にコロナ禍になってからは、厳しいですね。営業利益に至っては、2019年12月期は34億円の赤字で、この赤字は上場後初でした。

その調子です。

2020年12月期はさらに営業赤字が拡大してなんと1406億円もの赤字になりました。最終損益は、1596億円の当期純損失という巨額な損失を計上することになったほどです。

ってことは、電通の経営はかなり危ないということですか？

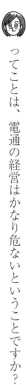

図表7-1　電通の収益他

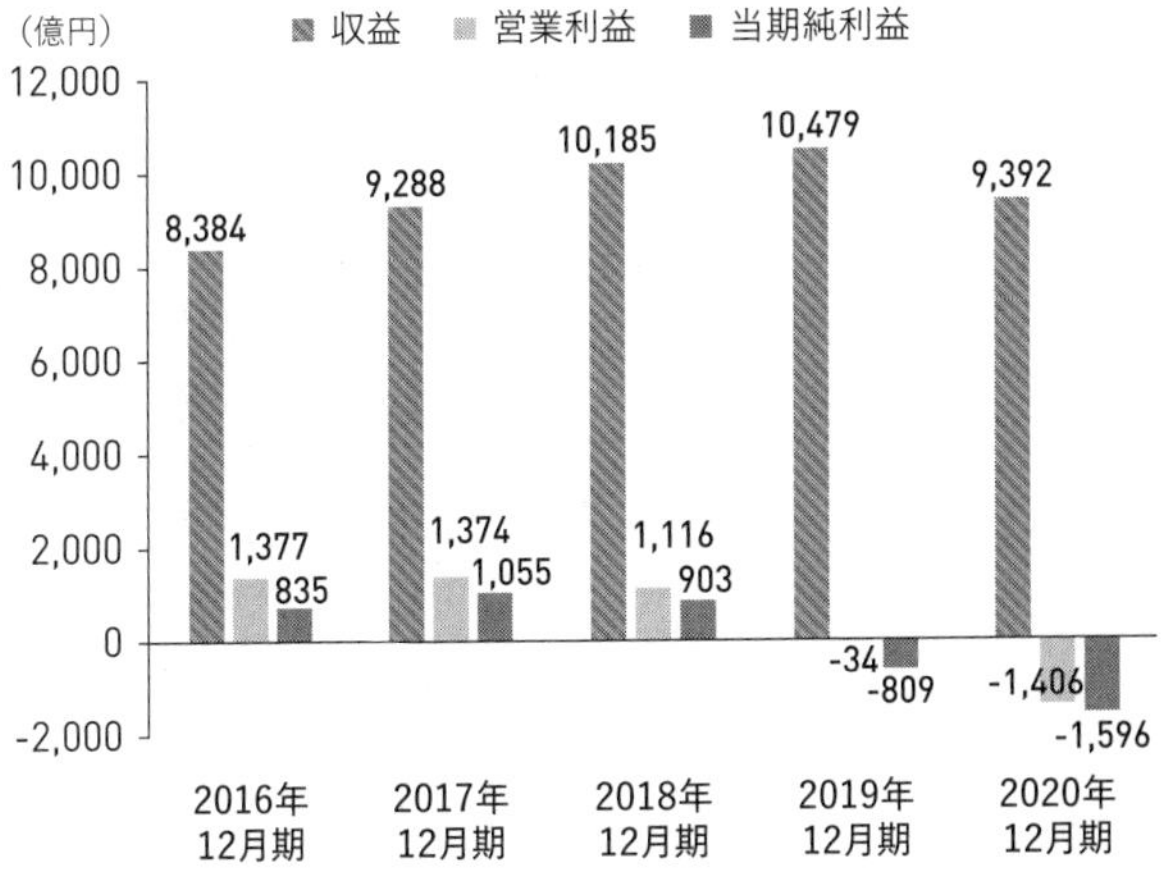

いや、宮田さんがいつもやられているように、キャッシュフロー計算書も見てみました。そしたら驚きの事実が出てきたんです。

どんな事実がわかったんですか？（成長しましたね……）。

営業CFは、過去5年一貫してプラスなんです。2020年12月期も営業CFは883億円で、本業からキャッシュを生んでいます。確かに営業CFは減ってきてはいますが、それでも本業からキャッシュを生み出しているのは

強いと思います。

なるほど。**営業利益は、１４００億円を超える赤字だったのに、営業ＣＦは８００億円以上も生んでいるということですね。**

◇巨額の営業損失を計上した驚きの真相

では、キャッシュの残高はどうでしょうか。メルカリの時にもお伝えしましたけど、企業が倒産をするのはキャッシュがなくなった時でしたよね。１４００億円以上の損失を計上していて、仮に同じような金額を失っていたら、電通の経営も傾くかもしれませんけど、そのあたりはどうでしょうか？

それがですね。キャッシュは増えているんです。直近は５３０７億円近くもあって、過去５年間では一番たくさんキャッシュを持っています。

ということは、最終損失が１５００億円を超えていたとしても、すぐには倒産するような状況ではないということですね。なぜ、そんなにキャッシュを持っているんでしょうか？

はい、２０２０年12月期でいうと、営業ＣＦと投資ＣＦはプラスで、財務ＣＦはマイナスでした。この期にトータルでキャッシュは１２８７億円も増えています。財務ＣＦがマイナス、すなわち負債を返済したことで、自己資本比率もここ5年では一番高いです。**なので、確かに１５００億円以上の最終損失は出していますが、経営が傾く感じではないですね。**

Ｐ／Ｌだけではなく、Ｃ／Ｓも踏まえた良い分析ですね（師匠がいいからでしょうか。でも、まだ甘いところもありますね……）。

ありがとうございます。Ｐ／Ｌだけ見たら大変そうな感じですが、きちんと詳しく決算書を読むと必ずしもそうでないことがわかりました。電通で働いている友人がい

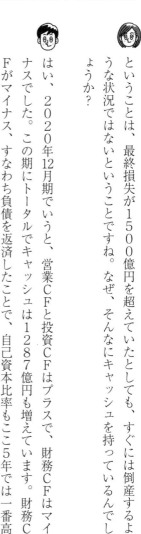

て、損失を心配して転職を考えていましたが、宮田さんから学んだことを伝えて、財務諸表の見方についてアドバイスしようと思います。

そう、決算書が読めるようになると自分の職業選択や今後の人生の指針にもなりますからね。ところで一つ質問、いいでしょうか？

もちろんです！　何でも聞いてください！

そもそも、**なんで電通って２０２０年12月期は１４００億円以上の営業損失を計上したんでしょうか？**

えーっと、そうか、こういう時は決算説明資料を見ればうまく説明できると思います。そうですね、決算説明資料によれば、調整後営業利益が約１２４０億円となっています。あ、あれ⁇

中村さんの話だと、調整後営業利益が約１２４０億円。でも、営業損失は１４００億円以上ってことですよね。**そもそも調整後営業利益って何でしょうか？**

有価証券報告書を見てもよくわからないので、電通の決算説明資料から説明しますね。決算説明資料によると営業損失は確かに１４０６億円となっています。ですが、それらから構造改革費用や減損損失を調整することで、調整後営業利益は約１２４０億円となっているようです。はい……。

話しながら、自分が何を説明しているのか、わからなくなってませんか？

はい！　調整後営業利益もよくわかりませんし、なぜ調整するのかもよくわかっていません。ギブアップです！

正直でよろしいですね。よし、今日は電通の赤字の謎について詳しく話をしましょう

か。**そして、今回話すことは企業が大きな損失を計上した際に必ず押さえるべきポイントでもありますよ。**

結構自信があったんですが、まだまだでした。よろしくお願いします！

◇日本企業でも、日本の会計基準とは限らない

まずは電通の調整後営業利益について考えてみましょう。当たり前ですが、利益ってどういうふうに計上をされるでしょうか。

さすがにわかります。売上－費用で利益ですよね。さらに、利益には、売上総利益、営業利益、経常利益、税引前当期純利益、税引後当期純利益の５種類があります。このあたりは簿記の勉強で学んだんで、自信ありますよ。

あれ、でも電通のＰ／Ｌを見たら経常利益がないですね。経常利益ってニュースでも一番よく見ますし、日本だと結構重視されているんですよね。

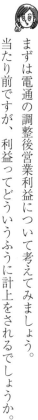

図表7-2　2020年12月期　電通のP/L

（億円）

収益	9,392
原価	1,042
売上総利益	8,350
販売費及び一般管理費	7,404
貸倒引当金繰入額	60
構造改革費用	784
減損損失	**1,447**
その他の収益	66
その他の費用	128
営業損失（△）	**△1,406**

営業損失1,406億円の主たる要因は減損損失1,447億円

はい、経常利益は「けいつね（経常）」って略されてよく使われますね。でも、この**経常利益があるのは、日本の会計基準だけなんです。**現在日本では、日本の会計基準、米国会計基準、そして国際会計基準（ＩＦＲＳ）の３つが採用されています。そのうち、米国会計基準とＩＦＲＳ（イファース、アイファースと読む）では経常利益はそもそも存在しないんです。**電通はＩＦＲＳを採用していますよ。**

だから電通には経常利益が存在しないんですね。電通のＰ／Ｌ（図表７−２）

を見てみます……。これを見ると減損損失だけで１４４７億円もあります。これがなければ電通は黒字なんですよね。

そう、ここでは構造改革費用７８４億円と減損損失１４４７億円が電通の費用に重くのしかかっています。日本の会計基準で言うと、これらは一時的な費用として計上する特別損失にあたります。

一時的な費用を計上する時に使う特別損失ですよね。減損損失は販売費及び一般管理費の内訳ではないので、少し表現を変えているんですよね？

そう、だから仮に一時的な損失等がなかった場合の参考利益を見るために、電通は決算説明資料で営業利益に、構造改革費用と減損損失といった費用を足し戻して「調整後営業利益」を算出しているということですね。【32】

そういうことなんですね。よくわかりました！

会計基準も押さえて決算書を見ないと読み方を間違えてしまいますね。

◇「企業を買収する」とは、どういうことか？

今回の電通の損失は、構造改革費用と減損損失が大きいことがわかりました。で、**構造改革費用は何かというと、有価証券報告書を見る限り、いわゆるリストラ費用ですね。**具体的には、国内では「社員に新しいキャリアの選択肢を提供することを目的とした早期希望退職プログラム」となっています。

電通の業績が厳しいので、早期退職で退職金を上乗せということですね。

平たく言うとそうですね。でもこの構造改革費用の倍近くあるのが、減損損失。これって簿記で学びましたか？

【32】調整費用の項目としては、構造改革費用と減損損失以外にも、買収に伴う無形資産の償却費、被買収会社に帰属する株式報酬費用、完全子会社化に伴い発行した株式報酬などが計上されている。

いや、習ったかもしれないんですけど、ちょっと覚えていないですね。

なるほど。この減損損失を理解するにはM&Aの知識が不可欠です。まずはM&Aと会計について考えましょう。たとえば、企業が他の企業を買収したとします。会計上にM&Aはどう現れるかわかるでしょうか。別の言い方をすると、**企業を買収する際に参考にすべき「会社の値段」は、財務諸表のどこに書かれているかわかりますか？**

M&Aは、企業の合併や買収ってことですよね。なんか響きがかっこいいし、ニュースとかでも「○○億円で買収」って出るのでインパクトがありますよね。ええっと……。おぉ、そういえばセールスフォースがSlackを買収する時に出てきましたよ。でも正直あんまりよくわかっていないです……。

企業を買収するとは、つまり買収先の純資産を購入する、ということなんです。
これがM&Aを会計上で捉えるということです。**すなわち、会社の値段というのは、**

会計上では純資産に現れるのです。もちろん、企業が発行する株式をどれだけ買うかで、買収先の企業への影響力も変わってきます。

たとえば、株式の66・7%以上を持っていれば、いわゆる支配権を持てるようになります。これにより、具体的には株主総会の特別決議を単独で可決する権限を持ち、募集株式の募集事項の決定や、事業譲渡、合併、会社分割等を決められるようになります。

他にも、50%を超えれば、いわゆる経営権を取得できるようになります。取締役の選任や解任をはじめとした株主総会の普通決議を、単独で可決できるようになるということです。また支配権の66・7%を取られていない点で、33・4%以上保有していれば、特別決議を単独で否決する権利を持つことになります。

一口に買収と言っても色々あるんですね。

そうなんです。ソフトバンクGの話を思い出してみてください。ソフトバンクGも株式の保有割合によって企業への影響力や利益の計上が変わりましたよね。

そうでした！

◇会社には「4つの値段」がある

ここでは、単純化して、買収企業は100％株式を取得するとしましょう。先程企業の買収は、買収先の純資産を購入することだと言いましたよね。

会計の基本では「会社の値段＝B／Sの純資産」という理解で十分なんですが、企業の買収を考える際にはさらに踏み込んだ理解が必要になります。

ここで覚えておくべきなのは、「会社の値段」には実はもう3種類、つまり合計4種類あるということです。

え？　4種類もあるんですか？　会計上に記載されている純資産の金額と実際に購入する金額の2種類でいいじゃないですか。たとえば、純資産が100億円の企業を、時価200億円で買収とかじゃだめなんですか？

お、鋭いですね。そう、エッセンスとしてはその通り。**簿価である純資産を、時価いくらで買うかを覚えておけば大丈夫です。**ただ、ここで、会社の値段4種類を覚えておけば、M&Aの理解も深まるから、ぜひ覚えてほしいです（図表7―3）。

買収を検討する際は、たいてい投資銀行などM&Aのアドバイザリー会社に依頼して買収しようとしている企業の価値を算定してもらうんですね。

手順はこうです。**まず「資産」と「負債」のそれぞれの時価を計算してもらいます。こうして算出された資産（時価）から負債（時価）を引くことで、純資産（時価）が計算されることになります。これが2つ目の「会社の値段」です。**

なるほど。テレビで骨董品等の鑑定をする番組がありますが、そのような感じで外部のプロに買収したい企業の純資産の時価を計算してもらうんですね。

そうそう。「いきなり買収しましょう」にはならないんです。買収の算定金額をまずは計算することになります。でも、この「時価」というのはあくまでも理論価格。こ

の金額で会社を買収することができるとは限りません。

実際には、**純資産の簿価、純資産の時価、そして買い手企業が提示する〝買い値〟はそれぞれ異なるのが普通だからです。**というのも、買収企業は多くの場合、「プレミアム」を上乗せして買収する必要があるからです。**この、買い手企業が提示する〝買い値〟が3つ目の会社の値段です。**

昔トレーディングカードを集めていたんですが、たしかにネットに出ている時価で買えないことがありました。友人に譲ってもらおうとしたら「他にも買いたい人がいる」と言われて、時価よりも高い価格を提示されました。でも、どうしても欲しくて高値で買ってしまったんですよね。

会社の場合、1社しかないから複数の買い手候補がいたら、買い手候補はどうしても高い金額を出さないと買収することができません。
そして、時価、買取価格に加えて、上場企業の場合、**株式市場で評価されている「時価総額」もありますよね。これが4つ目の会社の値段です。**Slackの時にも、企業

図表7-3　会社の値段「4つの算定方法」

	(1) 簿価	(2) 時価 （M&A時の 特別な考え方）	(3) 買取価格	(4) 時価総額
意味合い	過去の 企業活動 の積み上げ	過去の 企業活動の 積み上げを 現在の価値 で再評価	未来を 見据えた 買収者の 評価	上場企業の 場合、 株式市場が 評価した 企業の値段
算定方法	決算書	ファイナンシャル アドバイザー 等が算出	買取価格 × 株式数	日々の時価 × 株式数
B/S	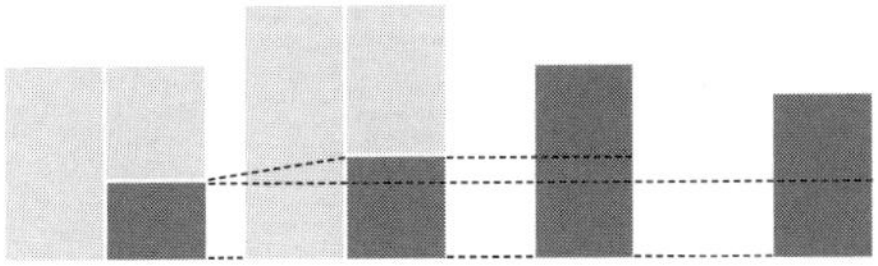			

の買い取りの値段が出てきましたが、セールスフォースは時価総額よりも高い金額でSlackを買収していましたね。

たしかにそうでした!!

このように会社には4つの値段があります。

会社の値段に4つの種類があるというのはよくわかりました。でも、待ってください。この話ってもともと「減損損失」の流れでしたよね。会社の値段と何か関係があるんですか?

◇無形の資産「のれん」を4つの値段を使って表すと?

そう。ここで知りたいのは、電通が大きく損失を被《こうむ》った減損損失の正体。そして、その正体が企業の買収価格ということなのです。

どういうことですか？

企業が他の企業を買収する時には、4つの値段で言うと3つ目の買収価格で購入をすることになります。でも、会計上の簿価とは当然差があります。たとえば、純資産が30億円だとして、50億円で買収をしたとしましょう。その差額ってどうなりますか？

うーん？　いわゆるプレミアムつきで企業を買収したってことですよね。高く買った分、その価値を買収した企業は何かしらに会計上で計上する必要がありますよね。

そうなんです。ここで、**企業が買収した先の企業の純資産の時価を計算したうえで、その時価を超える価格で企業を買収すると、その差額を「のれん」として自社のB／Sに計上することになります。**この「のれん」は、無形資産の一種です。建物や設備とかは有形固定資産で実際には物理的なものが存在していますよね。でも、**「のれん」はそうではなく、ブランド力などといった無形の資産なんです。**

「のれん」ってたまにニュースで聞くんですが、こういう意味だったんですね。すなわち、4つの値段で言うと……。

2と3の差額になります。ここで難しいのは、情報の開示です。1と4は公開情報として開示をされています。1は有価証券報告書を見ればわかります。さらに4も上場企業のように株価がわかれば発行済株式数をかけることで、時価総額がわかります。でも、肝心の2と3は、必ずしも公開されていません。だから、「のれん」を計算することは必ずしも簡単ではないです。

「のれん」ってよく見る割にはいつもピンとこなかったんですよね。でも、会社の値段を4つの観点から見ることでよくわかりました。

この「のれん」というのは、**プレミアムを上乗せして購入した株式の価値の一部のことで、企業の「超過収益力」とも言えます。**

企業の価値というのは、エーザイ（第6章）の時にも説明をしたように、ざっくり言うと究極的には「キャッシュフロー」と「割引率」のたった2つの要素から構成されますよね。

プレミアムが高くて、3の買収価格が高いってことは、このキャッシュフローを大きく見積もっている、もしくは割引率を低く見積もっている、はたまたその両方のいずれかのことなんです。

超過収益力の秘密は、そこに隠れていたんですね！

そして、2の純資産の時価と3の買収価格の差額は、のれんとしてB／Sに計上されることになります。これはまさに買収した企業による超過収益力を表したものです。これが無形固定資産の正体です。

でも、そこから年月が経って、思ったよりも企業がキャッシュフローを生まなかったら、どうでしょうか？

うーん、ふたを開けてみると、超過収益力がなかったってことですよね。たとえば、プロ野球で、他の球団から優秀な選手を金銭トレードで獲得をして、高額の年俸を払ったとして、成績が振るわなかったら、当然年俸はダウンすることになりますよね。

そうですね。メジャーリーグのような厳しい世界では、マイナーリーグ行きや契約が更新されないということは日常茶飯事ですよね。

それと似たようなことが起きるんでしょうか。でも、それが会計上どう反映するかはわかりませんが……。

◇電通の巨額損失の正体は「のれん」の減損

では、電通の「のれん」の計上額を時系列で見ていきましょうか（図表7―4）。

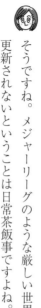

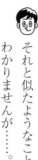

図表7-4　電通グループ のれん残高推移

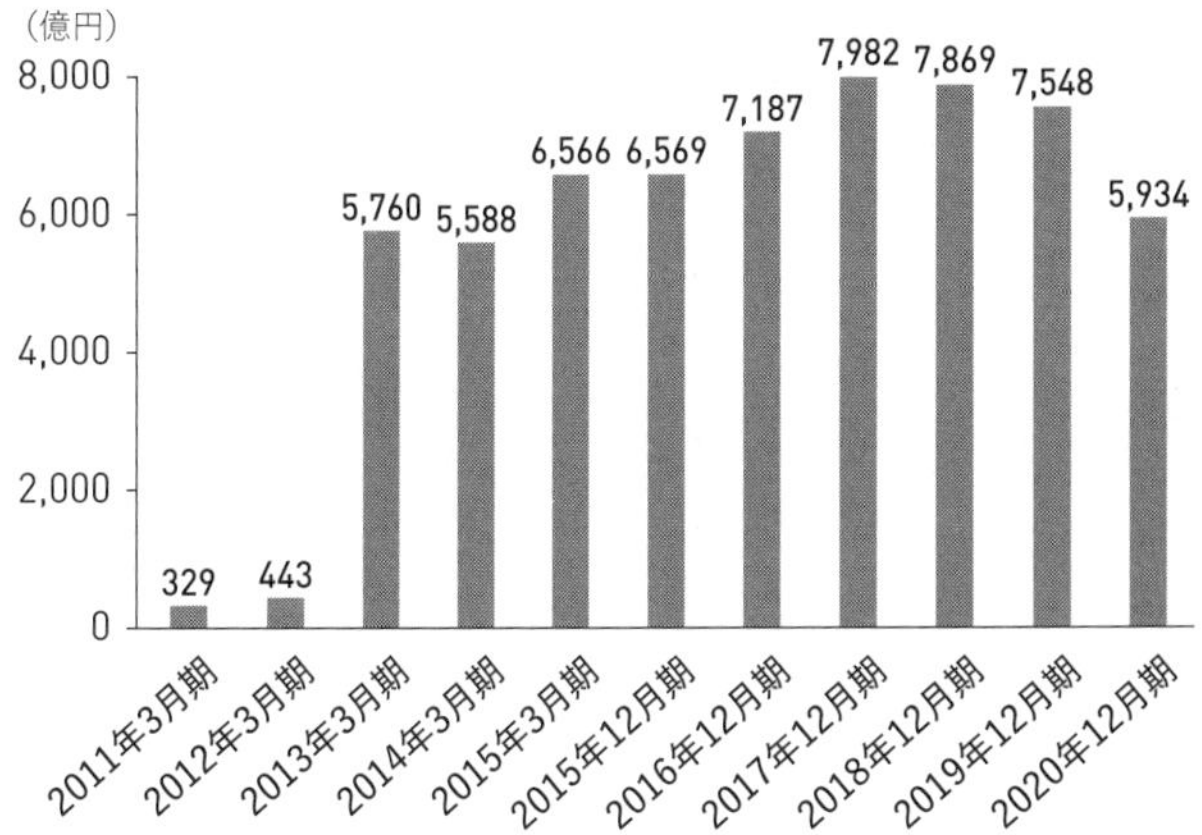

うわ！　２０１３年３月期には「のれん」が一気に５０００億円以上も増えていますね。ということはこの年に大きな買収をしたと言うことでしょうか。

電通は、２０１２年にロンドンに上場する当時広告業界世界ランキング８位のイージス・グループを約４０００億円で買収しました。それだけではありません。２０２０年までの７年間で２００社以上を傘下に収め、その結果、英ＷＰＰや米オムニコムに次ぐ大手広告グループの一角を占めるようになりました。海外売上高比率は12年３

月期の13％から２０２０年12月期は55％に高まったほどです。

なお、電通は会計基準を２０１５年12月期より日本の会計基準からＩＦＲＳに変えている点は気をつけておくべき点ですね。

電通はこの7年間で多額の買収を続けて成長をしていったんですね。でも、今回電通が赤字になったということはそれが裏目に出たということでしょうか。

そうですね。少し専門的なんですが、**日本の会計基準では「のれん」は最長20年以内に減価償却して費用として計上していく**ことが決められています。

一方で、ＩＦＲＳではのれんの減価償却はありません。

そうなんですか。でも、２０１８年以降のれんの金額が減っていますよ。

それが今回の電通の赤字の犯人である「減損損失」です。Ｍ＆Ａの話で見たように、「のれん」が存在するのは純資産の時価よりも高い価格で企業を買収したからです。

つまり、**超過収益力があると買収企業が判断したからです。それがB／Sに計上された状況です。**でも、実際は時間の経過とともに、想定よりもキャッシュフローを生まなかったらどうでしょう。もしくは、企業が生み出すキャッシュフローにブレがあり、割引率が適正でないと考えられたならば……。当然企業の価値は下がりますよね。これはつまり「のれん」が減ることに他なりません。

会計基準では、このような状況において「のれん」に対して減損損失を計上することを求めています。なお、ここでの話は以前お話をしたソフトバンクGにおける公正価値の議論とほぼ同じと思ってもらって構いません。

ということは、**イージス含め電通がこれまで買収してきた企業の価値が下がったことで、減損損失を計上したということですね。そして、それが電通の赤字の主犯だと。**

まさに、その通りです。でもそれだけではありません。中村さんの分析だと、電通はキャッシュフローの観点で、経営上はあまり問題はないということでしたよね。

そうですね。宮田さんから教えてもらったセオリーだとそのように感じました。実際、今回の「のれん」の減損損失もキャッシュアウトを伴わない費用でしたし、調整後営業利益は黒字だったので、問題ないのではないでしょうか。

その分析自体はＯＫです。でも、よく考えてみてください。まだ電通は６０００億円近くの「のれん」を抱えていますよね。今後もコロナ禍が続いて、世界の広告マーケットが縮小していったらどうでしょうか。

さらに減損損失が拡大する……。そうか、電通は最大で６０００億円近くも損失を計上する可能性を抱えているってことですか⁇

そうです。電通の純資産額は２０２０年12月時点で６１６４億円。**極論では、「のれん」がすべて吹っ飛んだ場合、電通の純資産もほぼなくなってしまいます。**

マジっすか……。

もちろん、「のれん」の価値がすべていきなりなくなることは現実的とはいえません。また、電通は確かにキャッシュも潤沢に抱えていますし、調整後の営業利益は黒字で、そのうえ営業CFも黒字を確保しています。

なので、過去に買収した企業の金額はともかく、ビジネス自体が行き詰まっているわけではないとも言えます。でも、「のれん」というアキレス腱を抱えていることは頭に入れていてもいいですね。

今回は自分なりに結構分析ができたと思ったのですが、「のれん」の理解が足りていませんでした。でも、「のれん」を理解したおかげで、企業のB／Sのどこを見ればいいかもイメージできました。

P／LとC／Sの分析はかなり良かったですよ。さらにB／Sの分析も加えられれば、企業をより立体的に見られますね。

第7章まとめ

- 決算書を見る時は、会計基準も押さえよう
- 企業を買収するということは、買収先の純資産を購入すること
- 「のれん」とは、企業を買収した場合、買収先の企業の純資産の時価を計算したうえで、その時価を超える価格で企業を買収した際に自社のB／Sに計上される無形資産のこと
- 日本の会計基準では「のれん」を最長20年以内に減価償却して費用として計上するが、ＩＦＲＳには「のれん」の減価償却がない。ただし、会計基準では、買収先の企業の価値が下がった場合にはのれんを減損する必要がある
- のれんを多く抱えていると、将来的に減損のリスクを抱える可能性がある

エピローグ

宮田さ～ん！　ご無沙汰してます！

お久しぶりです、中村さん。しばらく連絡がなかったですが、元気でしたか？

転職活動に集中してて！　で、ちゃんと転職活動成功しました～！　宮田さんのおかげです。決算書から非財務情報の読み方まで教わったので、分析だけでなく、「こんな仕事で役に立てる」って提案までしっかりできましたよ～。

それは、おめでとうございます。ちなみに、どんな企業に転職されたんですか？

結局、ＨＲ系の事業会社に決めました。スタートアップ企業に投資をするＣＶＣ（コーポレートベンチャーキャピタル）のチームに所属するんです。人事系のコンサルと迷ったんですけどね。

財務分析を活かせる投資の仕事は魅力的ですし、何より成長スピードが速いスタートアップ企業を分析できるのが楽しそうでした。こっちの方が肌に合ってる気がしたんです。エーザイの時に、自分の方向性を見直せてよかったです。

それは、よかった。私も先輩として鼻が高いですよ。

というわけで、今夜私がお礼としてご馳走しますよ！

ありがとうございます。気持ちだけ受け取っておきますよ。実は今、立て込んでいて……。内密にお願いしますが、籍を置いている会社が上場するか、瀬戸際なんですよ。

シビれる案件ですね。ってことは、僕に色々教えてくれていた時もすでに忙しかったですよね。

　本当に、ありがとうございます。

構いません。その代わり、中村さんも後輩に同じことをしてあげてください。中村さん、転職できたこともそうですが、成長できたことが嬉しいんじゃないですか？

数字を読む精度が上がって、「ビジネスってこうなってたんだ！」ってわかるんで、決算書を読むのが面白くて仕方がないんです。世界がつながった感覚ですね。

たぶん、それを成長って言うんですよ。私もまだまだ知らないことが多く、苦戦してばかりですが、わからないことが多いからこそ、楽しいことだらけとも言えます。お互いに、研鑽《けんさん》を積んでいきたいですね。

私はしばらく本業で手が離せないので、ゼミのＯＢ・ＯＧ会にも顔を出せませんが、お元気で。今度は、同じビジネスの舞台で会えたらいいですね。

はい、僕も頑張ります！

おわりに

ここまで読んでいただき、ありがとうございました。最後に私が大切にしてきた言葉をご紹介致します。

Connecting the dots。アップルの創業者であるスティーブ・ジョブズが2005年にスタンフォード大学の卒業式で行ったスピーチに出てきたキーワードの一つです。ジョブズはこのスピーチで「将来を予《あらかじ》め見据えて、点と点をつなぎ合わせることはできない。できるのは後からつなぎ合わせることだけです。だから、我々は今やっていることがいずれ人生のどこかでつながって実を結ぶだろうと信じるしかない」といったことを話しました。

私にとってこの「Connecting the dots」は、人生の節目において大きな意味をもたらしてきました。結婚した時や、初めて転職をした時も、挨拶等をする場面ではこの言葉を常に引用してきたほどです。本書の執筆においても、もちろんこの言葉が脳裏をよぎりました。以下ではどういった点がつながり、この本ができあがったのかを感謝を込めて記載します。

まずはアカデミックと実務の交差点です。私は経済学研究科の大学院に進学した際には、研究者になるつもりでした。しかしながら、自身の能力の限界を認識するとともに、財務情報を使った実証分析を研究する中で、現実の実務をもっと知りたいと感じるようになりました。私は大学院では銀行の貸出に関する実証分析を研究していたこともあり、働くならば金融機関、中でも銀行だと考えました。

就職活動を経て、幸い、銀行で働く機会を得られました。その後に起こったのがリーマンショックです。このリーマンショックにより、経済学やファイナンスの知見は一時信頼を大きく失ったと言えます。一方、実務で働く中で、経験を拠り所にするだけでなく、アカデミックな知見ももっと活かせるのではないかとも感じました。そのため、働いていた会社からの勧めもあり、再度大学院（ファイナンスのＭＢＡ）に進学をすることを考え、実際に受験をし、合格もしました。

この大学院の進学に際して、ある経営学の研究者に相談したところ、「アカデミック、特に経営は実務を後追いするところもあるので、むしろ最新の知見は村上さんが働かれている実務の現場にある」という助言を頂戴しました。

こういった過程で生まれたコンセプトが「理論と実務の架け橋」というものです。会計やファイナンスといった分野は理論的にかなりしっかりしていると同時に、常に新しい経済や経営の事象が出てくることもあり、アップデートが頻繁に起こります。その両方を我儘《わがまま》にも追い続けたいと考えました。そこで大学院には進学せずに、自ら主催している経済や金融に関する読書会や勉強会を通じて、理論を学びながらも、実務を通じて、最新の経営の動向を把握することに努めました。

この「理論と実務の架け橋」というコンセプトから生まれてきたのが、本書のもとになっているビジネスインサイダーでの「会計とファイナンスで読むニュース」の連載です。このような多くの点が本書につながっています。

本書の作成にあたって人と人とのつながりといった意味での点では、特に次の4人には大変お世話になりました。ここに記して感謝申し上げます。

一人目はビジネスインサイダージャパン、エグゼクティブ・アドバイザーの浜田敬子さん。2019年9月に共通の友人である大和総研の是枝俊悟さん主催の勉強会でご一緒した後、浜田さんから連絡があり、連載のご相談をいただきました。執筆に関してほぼ実績がなかった私に対して、連載の機会を浜田さんが私にくださったことが今につながっています。

二人目は、先の連載の編集者の常盤亜由子さんです。後から知ったことですが、偶然にも常盤さんが過去に編集された本を私は複数読んでいましたし、中には私にとってのバイブルとなっている経済書もありました。常盤さんの編集があるからこそ、私は本書のベースとなる連載を今でも続けられています。

三人目は大学時代の会計のゼミの同期で20年来の友人でもある公認会計士の伊藤達也さんです。伊藤さんには先の連載の1回目から会計的な視点を中心に助言をもらっています。大学時代に一緒に会計を学んだ友人とその後20年を経て、一緒に会計やファイナンスの連載や本の執筆の仕事をできるなんて、学生の頃は想像さえできず、とても嬉しく思っております。

最後は、本書の編集を担当してくださったＰＨＰ研究所の野牧峻さんです。先述した連載を読んでくださった野牧さんから弊社のホームページ経由で、「村上さんの連載は謎解きを読んでいるみたいでとても面白く、今までと違った会計の本ができそうです」というメールをくださったことが本書の執筆のきっかけです。常に本書の原稿の最初の読者であり、いつも励ましの言葉をくださったことで、初めての執筆もスムーズにできたように感じます。

本書の執筆が始まってからも、岩野圭子さん、川元浩嗣さん、佐藤孝憲さん、西村彬宏さん、宮崎友騎さん、妻の村上由貴子をはじめ、多くの方にご助言ご協力を頂いたことで本書はでき上がりました。ここですべての方のお名前を挙げることはできませんが、改めてこの場を借りて御礼申し上げます。

最後になりましたが、いつも私の行動を応援してくれる父恵一、母和子、そして、私の良き理解者であり、パートナーである妻由貴子に感謝致します。妻の支援とフィードバックがなければ本書は完成しなかったと言っても過言ではありません。また、長女の結梨と次女の明梨の存在が、本書の執筆においても大きな支えとなりました。二人がいつか本書を手にとって読んでくれた際に、何かしら感じ取るものがあったら嬉しく思います。

本書は今まで私が40年間生きてきた中で多くの人たちや社会から受けてきた恩恵や学びの結晶の賜物《たまもの》と言えます。本書という点が、次世代の人たちや社会の点につながることを期待して本書の結びとさせていただきます。

村上茂久

2021年11月

参考文献

『会社の値段』森生　明著（筑摩書房）
『あわせて学ぶ 会計&ファイナンス入門講座』田中慎一・保田隆明著（ダイヤモンド社）
『企業価値評価 第6版上下』マッキンゼー・アンド・カンパニー著（ダイヤモンド社）
『ファイナンス思考』朝倉祐介著（ダイヤモンド社）
『経営戦略原論』琴坂将広著（東洋経済新報社）
『コーポレートファイナンス　戦略と実践』田中慎一・保田隆明著（ダイヤモンド社）
『「専門家」以外の人のための決算書&ファイナンスの教科書』西山茂（東洋経済新報社）
ビジネス・インサイダー「会計とファイナンスで読むニュース」
https://www.businessinsider.jp/series/accounting-and-finance/

図版出典

図表1-1　メルカリ　有価証券報告書より筆者作成
図表1-2　筆者作成
図表1-3　筆者作成
図表1-4　メルカリ　有価証券報告書より筆者作成
図表1-5　『経営戦略原論』琴坂将広著（東洋経済新報社）を参考に筆者作成。なお、本書で紹介されている図表では、横軸の相対市場シェアは右が「低」、左が「高」になっているが、直感的な理解を重視

し、ここでは「低」と「高」を入れ替えている。

図表２−１　筆者作成
図表２−２　筆者作成
図表２−３　筆者作成
図表２−４　筆者作成
図表２−５　ソフトバンクＧ　有価証券報告書より筆者作成
図表２−６　ソフトバンクＧ　有価証券報告書より筆者作成
図表３−１　Slack Technologies, Inc., 10-Q filed on 12/3/2020 Quarterly Reportより筆者作成
図表３−２　筆者作成
図表３−３　筆者作成
図表３−４　筆者作成
図表３−５　Slack Technologies, Inc., 10-Q filed on 12/3/2020 Quarterly Reportより筆者作成
図表３−６　筆者作成
図表３−７　Slack Technologies, Inc. AMENDMENT NO. 1 TO FORM S-1 REGISTRATION STATEMENT UNDER THE SECURITIES ACT OF 1933
図表４−１　アマゾンのannual report及びStrainerより筆者作成
図表４−２　筆者作成
図表４−３　筆者作成
図表４−４　筆者作成

図表4-5　筆者作成
図表4-6　筆者作成
図表4-7　アマゾンのannual report及びStrainerより筆者作成
図表5-1　筆者作成
図表6-1　各社の2020年度の有価証券報告書より筆者作成。ただし、大塚HDの売上高は医薬関連事業部門の売上収益を計上している
図表6-2　各社2020年度の有価証券報告書およびYahoo!ファイナンスより筆者作成。株価は2021年8月11日を採用している
図表6-3　2021年8月時点のエーザイのホームページより筆者作成。ただし、同年10月時点でのホームページではこちらの図表をアップデートしたマテリアリティマトリックスを開示している。
図表7-1　電通の有価証券報告書より筆者作成
図表7-2　電通の有価証券報告書より筆者作成
図表7-3　筆者作成
図表7-4　電通の有価証券報告書より筆者作成

PHP
Business Shinsho

村上茂久（むらかみ・しげひさ）

㈱ファインディールズ代表取締役／GOB Incubation Partners㈱取締役CFO／iU情報経営イノベーション専門職大学客員教授／（一社）Work Design Labパートナー

2004年立教大学経済学部経営学科卒業（副総代）、06年一橋大学大学院経済学研究科修士課程修了。同年㈱新生銀行に新卒で入行。在籍時に携わった再生可能エネルギーのプロジェクトファイナンスでは数百億円にものぼる案件の組成に携わる。他にも、証券化、不動産投資、不良債権投資、ファンド投資等に従事し、100社以上の企業や事業の投融資及び管理を手掛ける。

18年よりGOB Incubation Partners㈱のCFOとして、新規事業開発の支援を行いながら、財務、法務等のバックオフィスを整える。加えて、スタートアップ企業等のファイナンス支援も行う。21年1月に財務コンサルティング等を行う㈱ファインディールズを創業。

他にも11年に立ち上げた経済と金融の読書会等を行うFinancial Education & Design（FED）では、事務局長としてこれまでに累計300回以上のイベントを設計、企画及び運用を手掛けている。

日経CNBC「朝エクスプレス」に不定期のコメンテーターとして出演、webメディアの「ビジネスインサイダー」にて「会計とファイナンスで読むニュース」を連載するなど、「理論と実務の架け橋」を自身の人生におけるコンセプトとして、実務で得られた知見を言語化し、研究に裏打ちされた知識を発信している。本書が初の書籍となる。

イラスト：タカハラ ユウスケ
図版作成：桜井勝志

PHPビジネス新書 433

決算書ナゾトキトレーニング
7つのストーリーで学ぶファイナンス入門

2022年1月6日 第1版第1刷発行

著　　者　村上茂久
発行者　永田貴之
発行所　株式会社PHP研究所
東京本部 〒135-8137 江東区豊洲5-6-52
第二制作部 ☎03-3520-9619（編集）
普及部 ☎03-3520-9630（販売）
京都本部 〒601-8411 京都市南区西九条北ノ内町11
PHP INTERFACE https://www.php.co.jp/
装　　幀　齋藤 稔（株式会社ジーラム）
組　　版　小島正樹＋㈲メディアネット
印刷所　大日本印刷株式会社
製本所　東京美術紙工協業組合

 ISBN978-4-569-85098-6

「PHPビジネス新書」発刊にあたって

わからないことがあったら「インターネット」で何でも一発で調べられる時代。本という形でビジネスの知識を提供することに何の意味があるのか……その一つの答えとして「**血の通った実務書**」というコンセプトを提案させていただくのが本シリーズです。

経営知識やスキルといった、誰が語っても同じに思えるものでも、ビジネス界の第一線で活躍する人の語る言葉には、独特の迫力があります。そんな、「**現場を知る人が本音で語る**」知識を、ビジネスのあらゆる分野においてご提供していきたいと思っております。

本シリーズのシンボルマークは、理屈よりも実用性を重んじた古代ローマ人のイメージです。彼らが残した知識のように、本書の内容が永きにわたって皆様のビジネスのお役に立ち続けることを願っております。

二〇〇六年四月

PHP研究所